Die in diesem Band versammelten Essays, Skizzen und Erinnerungen stammen größtenteils aus der Zeit kurz vor John Bergers Tod. Und doch sind sie geprägt von dem hellwachen Blick des Künstlers, einer Neugier auf das Leben, die nichts von einem Ende, sondern viel von einem Anfang hat.

»Oft, wenn ich lese, und manchmal, wenn ich etwas zu schreiben versuche, tauchst du auf der Seite Papier auf, um dich mit einem Lächeln und einem kurzen Kopfschütteln zu mir zu gesellen. Kein einziges Blatt und keine einzige der Gefängniszellen, in die man dich wieder und wieder steckte, konnten dich je im Zaum halten.«

John Berger über Rosa Luxemburg

John Berger, 1926 in London geboren, studierte Zeichnung und Malerei. Seine bahnbrechende Fernsehserie »Sehen. Das Bild der Welt in der Bilderwelt« definierte unsere Art, Kunst zu betrachten, neu; das Buch zur Serie wurde zum Standardwerk. In »Der siebte Mensch« beschäftigte er sich als einer der ersten mit dem Thema Migration. Mit seinen Romanen, Geschichten und Essays, seiner politischen Insistenz und seinem zärtlichen Blick auf die Wirklichkeit wurde er zu einer der eigenständigsten Stimmen des 20. Jahrhunderts. John Berger starb Anfang 2017 in der Nähe von Paris.

Weitere Informationen finden Sie auf www.fischerverlage.de

John Berger
Ein Geschenk für Rosa

*Aus dem Englischen
von Hans Jürgen Balmes*

FISCHER Taschenbuch

MIX
Papier aus verantwor-
tungsvollen Quellen
FSC® C083411

Erschienen bei FISCHER Taschenbuch
Frankfurt am Main, Februar 2022

Die englische Originalausgabe erschien 2016
unter dem Titel »Confabulations« bei Penguin in London.
»The Red Tenda of Bologna« erschien 2007,
illustriert von Paul Davis, bei Drawbridge Books in London.

Druck und Bindung: CPI books GmbH, Leck
Printed in Germany
ISBN 978-3-596-70106-3

Inhalt

Selbstporträt

Ich schreibe seit über achtzig Jahren. Zuerst Briefe, dann Gedichte, Reden, später Geschichten, Aufsätze und Bücher, nun diese Skizze.

Für mich gehört Schreiben zum Leben; es hilft mir, einen Sinn zu entdecken und weiterzumachen. Aber das Schreiben ist für mich ein Ableger von etwas Verborgenem und Allgemeinem – von unserer Beziehung zur Sprache als solcher. Und von Sprache soll diese Skizze handeln.

Beginnen wir damit, das Übersetzen von einer Sprache in eine andere zu betrachten. Dabei denke ich nicht an technische Übersetzungen, davon gibt es viele, sondern an literarische: die Übertragung von Texten, in denen es wirklich um eine individuelle menschliche Erfahrung geht.

Normalerweise stellt man sich das so vor, dass ein oder mehrere Übersetzer Worte auf einem Blatt Papier studieren, um sie dann auf einem anderen Blatt in einer anderen Sprache wiederzugeben. Das bedeutet, dass man zunächst eine sogenannte Wort-für-Wort-Übersetzung anfertigt, den neuen Text dann den linguistischen und grammatischen Regeln der anderen Sprache anpasst und ihn schließlich weiter bearbeitet, damit er die »Stimme« des Originals wiedergibt. Viele, vielleicht sogar die meisten Übersetzungen werden so gemacht, die Ergebnisse erfüllen den Zweck, sind aber meist zweitrangig.

Weshalb? Eine richtige Übersetzung ist kein zweigleisiges Ding, sondern eine Dreiecksaffäre. Das Dritte ist das, was vor deren Niederschrift hinter den Worten des Originals liegt. Eine wahre Übersetzung verlangt nach einer Rückkehr ins Vorsprachliche.

∗

Wir kommen immer wieder auf die Worte des Originals zurück, um sie zu durchdringen und die Einsicht oder Erfahrung, die sie hervorgerufen haben, zu berühren. Wir sammeln alles, was wir finden, nehmen dieses zitternde, beinahe wortlose »Etwas« und platzieren es hinter die Sprache, in die es übersetzt werden soll. Und nun besteht die Aufgabe darin, die Gastsprache dazu zu bringen, dieses »Etwas«, das darauf wartet, in der anderen Sprache zu Wort zu kommen, willkommen zu heißen und es aufzunehmen.

Dieses Verfahren erinnert uns daran, dass eine Sprache nicht auf ein Verzeichnis von Wörtern und Ausdrücken reduziert werden kann. Noch ist sie einfach ein Speicher für die in ihr verfassten Werke.

Eine gesprochene Sprache hat einen Körper, sie ist ein lebendiges Geschöpf, dessen Physiognomie aus Worten besteht und dessen Organe linguistisch miteinander verbunden sind. Und das Zuhause dieses Geschöpfs ist zugleich das Ausgesprochene wie das Unausgesprochene.

∗

Betrachten wir den Begriff »Muttersprache«. Im Russischen heißt sie *Rodnoi-yazyk*, die nächste oder liebste Zunge, fast könnte man »Lieblingszunge« sagen.

Die »Mutterzunge« – so heißt es im Englischen – ist das, was ein Kind als Erstes aus dem Mund der Mutter vernimmt. Das ist logisch, aber ich erwähne es, denn das sprachliche Geschöpf, das ich beschreiben möchte, ist zweifellos weiblich.

Ich stelle mir seine Mitte als eine phonetische Gebärmutter vor.

In einer Muttersprache sind alle anderen Muttersprachen enthalten. Oder um es anders auszudrücken – eine Muttersprache ist universell.

Noam Chomsky hat meisterhaft gezeigt, dass alle Sprachen – und nicht nur die aus Worten – bestimmte Strukturen und Prozesse miteinander gemeinsam haben. Demnach ist die Muttersprache mit anderen, nonverbalen Sprachen verwandt (und reimt sich auf sie?) – nonverbale Sprachen wie jene aus Zeichen, Gebräuchen oder der Anordnung im Raum.

Wenn ich zeichne, versuche ich den *Text* von Erscheinungen aufzudröseln und zu transkribieren – einen Text, der schon, da bin ich mir sicher, einen nicht in Worte zu fassenden, aber festen Platz in meiner Mutterzunge hat.

Worte, Ausdrücke, ja ganze Sätze können von ihrem jeweiligen sprachlichen Geschöpf losgelöst werden und als bloße

Texte Olivier

Etiketten verwendet werden. Sie werden dann starr und leer. Der um sich greifende Gebrauch von Akronymen ist dafür ein einfaches Beispiel. Der momentan vorherrschende politische Diskurs besteht aus solchen Worten, aus vom Geschöpf der Sprache getrennten, starren, leeren und toten Hülsen. Solch totes Wort-Geklaube löscht die Erinnerung aus und gebiert eine erbarmungslose Nachlässigkeit.

*

All die Jahre über hat mich eine Ahnung zum Schreiben angetrieben, dass etwas erzählt werden muss, das, falls ich es nicht versuche, unerzählt bleiben wird. Folglich sehe ich mich nicht so sehr als professioneller Schriftsteller, sondern eher als Mittler, als ein Lückenbüßer.

Nachdem ich ein paar Zeilen niedergeschrieben habe, lasse ich die Worte zu diesem Geschöpf zurückschlüpfen. Dort werden sie augenblicklich von einer Schar anderer Worte begrüßt und erkannt, zu denen sie in Hinsicht auf Bedeutung, Metaphorik, Alliteration und Rhythmus eine Affinität besitzen. Ich lausche auf ihr Konferieren. Sie stellen den Gebrauch, den ich von ihnen mache, auf die Probe und stellen die Rollen, die ich ihnen zuschreibe, infrage.

Und so überarbeite ich die Zeilen, tausche ein Wort oder zwei und lege alles wieder vor. Und wieder wird beratschlagt.

Und so geht es weiter und weiter, bis sich mit leisem Murmeln eine vorläufige Zustimmung andeutet. Dann gehe ich zum nächsten Absatz weiter.

Und erneut wird konferiert …

Die anderen mögen mich als Schriftsteller hierhin oder dorthin stellen, aber du weißt schon, wessen Mutter Kind ich bin. *This son of a bitch.*

Ein Geschenk für Rosa

Rosa! Ich kenne dich von Kindheit an. Und nun bin ich doppelt so alt wie du, als man dich im Januar 1919 totschlug, ein paar Monate nachdem du und Karl Liebknecht etwas gegründet hattet, aus dem einmal die Kommunistische Partei Deutschlands werden sollte.

Oft, wenn ich lese, und manchmal, wenn ich etwas zu schreiben versuche, tauchst du auf der Seite Papier auf, um dich mit einem Lächeln und einem kurzen Kopfschütteln zu mir zu gesellen. Kein einziges Blatt und keine einzige der Gefängniszellen, in die man dich wieder und wieder steckte, konnten dich je im Zaum halten.

Ich möchte dir gern etwas schicken. Bevor ich dieses Etwas jedoch erhielt, befand es sich in der Stadt Zamość im

Südosten Polens – in deiner Geburtsstadt, wo dein Vater Holzhändler gewesen war. Die Verbindung zu dir aber ist nicht ganz so einfach.

Das besagte Etwas gehörte Janine, einer polnischen Freundin von mir. Sie lebte allein für sich: nicht an dem eleganten Rathausplatz wie du in deinen ersten Lebensjahren, sondern in einem kleinen Haus in einem Vorort am Rand der Stadt.

Ihr ganzes Haus, wie auch ihr winziger Garten, stand voller Topfpflanzen. Sogar auf dem Boden ihres Schlafzimmers standen Töpfe. Und nichts tat sie lieber, als einem Besucher mit dem Zeigefinger ihrer ältlichen Arbeiterinnenhand die Besonderheit einer jeden einzelnen Pflanze aufzuzeigen. Die Pflanzen leisteten ihr Gesellschaft. Sie tuschelte und witzelte mit ihnen.

Obwohl ich kein Polnisch spreche, gibt es in ganz Europa kein Land, in dem ich mich so sehr zu Hause fühle. Die Polen und ich, wir haben die gleichen Prioritäten. Macht kann sie meistens nicht weiter beeindrucken, denn sie mussten diesen Mist in fast jeder erdenklichen Form über sich ergehen lassen. Sie sind Experten in der Kunst, Hindernisse zu umgehen. Um zu überleben, erfinden sie unentwegt neue Kniffe. Sie respektieren Geheimnisse. Sie haben ein gutes Gedächtnis. Sie machen aus wilden Kräutern Sauerampfersuppe. Sie haben es gern lustig.

In einem deiner zornigen Gefängnisbriefe sagtest du etwas Ähnliches. Selbstmitleid konntest du nicht ausstehen, und einer sich beklagenden Freundin hast du geantwortet: »Mensch sein ist vor allem die Hauptsache. Und das heißt: fest und klar und *heiter* sein, ja, heiter trotz alledem und alledem, denn das Heulen ist Geschäft der Schwäche. Mensch sein, heißt sein ganzes Leben ›auf des Schicksals große Waage‹ freudig hinwerfen, wenn's sein muss, sich zugleich aber an jedem hellen Tag und jeder schönen Wolke freuen …«

In den letzten Jahren entstand in Polen ein neuer Beruf, und jeden, der ihn ausübt, nennt man *stacz*, was »an die Stelle rücken« bedeutet. Man bezahlt einen Mann oder eine Frau dafür, dass er oder sie sich in einer Schlange anstellt (meistens sind die wirklich lang), und in dem Moment, wo der *stacz* fast an der Spitze der Schlange steht, tauscht man die Plätze. Anstellen muss man sich für alles Mögliche: Nahrung, Küchengeräte, eine Genehmigung, eine Gebührenmarke für einen Ausweis, Zucker, Gummistiefel …

Unentwegt erfinden sie eine neue List.

In den frühen Siebzigern entschied sich meine Freundin Janine, in den Zug zu steigen und nach Moskau zu fahren, wie es einige ihrer Nachbarn bereits getan hatten. Der Entschluss fiel ihr nicht leicht. Nur ein, zwei Jahre zuvor hatte es ein Massaker in Gdańsk, in Danzig, gegeben, und auch in anderen Häfen waren Hunderte von streikenden Werftarbeitern auf Moskauer Befehl hin von der polnischen Armee und Polizei niedergeschossen worden.

Das hast du vorausgesehen, Rosa, diese dem bolschewistischen Verhalten innewohnende Gefahr, gegen jede Vernunft zu handeln; schon 1918 schriebst du in deinem Kommentar zur Russischen Revolution: »Freiheit nur für die Anhänger der Regierung, nur für Mitglieder einer Partei – mögen sie noch so zahlreich sein – ist keine Freiheit. Freiheit ist immer Freiheit der Andersdenkenden. Nicht wegen des Fanatismus der ›Gerechtigkeit‹, sondern weil all das Belehrende, Heilsame und Reinigende der politischen Freiheit an diesem Wesen hängt und seine Wirkung versagt, wenn die ›Freiheit‹ zum Privilegium wird.«

Janine stieg in den Zug nach Moskau, um Gold zu kaufen,

das dort um ein Drittel billiger war als in Polen. Irgendwo vor dem Belorusskij-Bahnhof stieß sie auf eine Seitenstraße, wo, wie beschrieben, Schmuckhändler ihre Ringe feilboten. Es gab bereits eine lange Schlange von »Fremden«, alles Frauen, die darauf warteten, etwas kaufen zu können. Um der lieben Ordnung willen hatte jede der Frauen auf den Handteller mit Kreide eine Nummer gemalt, die ihren genauen Platz in der Schlange angab. Dafür sorgte ein Polizist. Als Janine schließlich mit ihren abgezählten Rubeln am Tresen stand, kaufte sie drei Ringe.

Auf dem Rückweg zum Bahnhof fiel ihr das Ding auf, das ich dir, Rosa, schicken will. Sie bezahlte nur 60 Kopeken dafür. Es war ihr ins Auge gesprungen, und aus einer Laune heraus kaufte sie es. Es würde mit ihren Pflanzen tuscheln.

Auf dem Bahnhof musste sie lange auf den Zug nach Hause warten. Du kennst diese russischen Bahnhöfe, Rosa, die zu Lagern aus ewig wartenden Passagieren werden. Janine streifte einen Ring über den kleinen Finger der Linken, die beiden anderen verbarg sie an einem intimeren Ort. Als der Zug einfuhr, kletterte sie hinein, und ein Soldat bot ihr einen Eckplatz an; erleichtert seufzte sie, so würde sie etwas Schlaf finden. An der Grenze ging alles reibungslos.

In Zamość verkaufte sie die Ringe doppelt so teuer, als sie sie erstanden hatte, und sie waren damit immer noch billiger als alle, die man in einem polnischen Laden hätte kaufen können. Nach Abzug der Fahrkarte hatte Janine einen kleinen Gewinn gemacht.

Das Ding, das ich dir schicken möchte, stellte sie auf die Küchenfensterbank.

»Tatsächlich zielt eine *Enzyklopädie* darauf ab, die auf der Erdoberfläche verstreuten Kenntnisse zu sammeln, das allgemeine System dieser Kenntnisse den Menschen darzulegen, mit denen wir zusammenleben, und es den nach uns kommenden Menschen zu überliefern, damit die Arbeit der vergangenen Jahrhunderte nicht nutzlos für die kommenden Jahrhunderte gewesen sei; damit unsere Enkel nicht nur gebildeter, sondern gleichzeitig auch tugendhafter und glücklicher werden …«

Mit diesen Worten erklärte Diderot 1750 die von ihm mitinitiierte Enzyklopädie.

Der Gegenstand auf Janines Fensterbrett hatte etwas Enzyklopädisches an sich. Es ist eine schmale Kartonschachtel von der Größe eines Taschenbuchs. Auf dem Deckel ist der kolorierte Stich eines Halsbandschnäppers zu sehen, darunter steht auf Kyrillisch: *Singvögel*.

Öffne den Deckel. Innen befinden sich drei Reihen zu je sechs Streichholzschachteln. Jede Schachtel trägt ein Etikett mit dem farbigen Druck eines anderen Singvogels. Achtzehn verschiedene Sänger. Unter jedem Bild steht in kleiner Schrift der jeweilige russische Name. Du, die du deinen Zorn auf Russisch, Deutsch oder Polnisch niederschreiben konntest, hättest das lesen können. Ich kann es nicht. Mit meinen bloß ungefähren Erinnerungen an gelegentliches Vogelbeobachten kann ich nur raten.

Die Genugtuung, mit der man einen lebendigen Vogel, der über einen hinwegflattert oder vor einem in der Hecke verschwindet, benennen kann, hat etwas Merkwürdiges, nicht wahr? Es bringt eine augenblickliche Vertrautheit mit sich, als ob man in dem verwirrenden Getöse der Welt einen Vogel im Moment des Wiedererkennens direkt ansprechen würde, und zwar mit seinem Spitznamen. Bachstelze, Bachstelze!

Von den achtzehn Vögeln auf den Schildchen kenne ich vielleicht fünf.

In den Schachteln stecken Streichhölzer mit grünen Köpfen. Sechzig pro Schachtel. Genauso viele, wie die Minute Sekunden und die Stunde Minuten hat. Jedes eine potenzielle Flamme.

»Die moderne proletarische Klasse«, schriebst du, »führt ihren Kampf nicht nach irgendeinem fertigen, in einem Buch, in einer Theorie niedergelegten Schema; der moderne Arbeiterkampf ist ein Stück in der Geschichte, ein Stück der Sozialentwicklung, und mitten in der Geschichte, mitten in der Entwicklung, mitten im Kampf lernen wir, wie wir kämpfen müssen.«

Auf dem Deckel der Kartonschachtel steht eine kurze Erklärung für die sowjetischen Streichholzsammler (die sogenannten Phillumenisten) der siebziger Jahre.

Diese Notiz gibt folgende Erklärung: In der Geschichte der Evolution gingen die Vögel den Säugetieren voraus, heute zählt man auf der ganzen Welt geschätzt 5000 Arten, in der Sowjetunion leben 400 verschiedene Singvögel, in der Regel singt das Männchen. Tief in der Kehle haben sie besondere Stimmbänder ausgebildet, meist nisten sie im Unterholz, auf Bäumen oder auf der Erde, für die Landwirtschaft sind sie eine große Hilfe, denn sie fressen und eliminieren ganze Heerscharen von Insekten. Vor kurzem wurden in abgelegenen Landstrichen der Sowjetunion drei neue Arten von singenden Spatzen entdeckt.

Janine stellte den Karton in der Küche auf das Fensterbrett. Sie erfreute sich an ihm, und im Winter erinnerte er sie an den Gesang der Vögel.

Als man dich wegen deines entschiedenen Protests gegen den Ersten Weltkrieg ins Gefängnis steckte, hörtest du oft eine Blaumeise: »Sie hielt sich auch zuerst immer in der Nähe meiner Fenster, kam mit den anderen zum Futter und sang fleißig ihr drolliges ›Zizi-bä‹, aber so ganz gedehnt, dass es wie ungezogenes Kindernecken klang. Ich musste jedes Mal lachen und ihr ebenso antworten. Dann verschwand sie Anfang Mai mit den anderen, um irgendwo draußen zu brüten. Ich sah und hörte sie wochenlang nicht mehr. Gestern höre ich plötzlich von drüben über die Mauer, die unseren Hof von einem anderen Gefängnisterrain trennt, den bekannten Gruß, aber so ganz verändert, nur ganz kurz und eilig dreimal hintereinander ›Zizibä – Zizibä – Zizibä!‹, dann wurde es still. Mir zuckte das Herz zusammen, so viel lag in diesem eiligen fernen Ruf: eine ganze kleine Vogelgeschichte.«

Nach ein paar Wochen entschied sich Janine um und räumte die Schachtel in den Schrank unter der Treppe. Für sie war der Schrank eine Art Bunker, so etwas wie ein Keller, wo sie alles aufbewahrte, was sie ihren *Notvorrat* nannte. Ein Päckchen Salz, eine Dose Sirup, eine größere Dose mit Mehl, ein kleiner Sack Kascha, Buchweizen, und Streichhölzer. In Polen haben die meisten Hausfrauen solche Vorräte, um bei einer unerwarteten Staatskrise, wenn die Läden nichts mehr in den Regalen haben, mit dem Überlebensnotwendigsten gerüstet zu sein.

Die nächste Krise sollte 1980 kommen. Wieder sollte alles in Gdańsk beginnen, wo die Arbeiter gegen die steigenden Lebensmittelpreise in Streik traten. Aus dieser Aktion heraus entstand die landesweite Bewegung Solidarność, die schließlich zum Sturz der Regierung führte.

»Die moderne proletarische Klasse«, so schriebst du vor einem Menschenleben, »führt ihren Kampf nicht nach irgendeinem fertigen, in einem Buch, in einer Theorie niedergelegten Schema; der moderne Arbeiterkampf ist ein Stück in der Geschichte, ein Stück der Sozialentwicklung, und mitten in der Geschichte, mitten in der Entwicklung, mitten im Kampf lernen wir, wie wir kämpfen müssen.«

2010 starb Janine, und ihr Sohn Witek fand im Schrank unter der Treppe die Schachtel und brachte sie mit nach Paris, wo er als Klempner und Maurer arbeitete. Er schenkte sie mir. Wir sind alte Freunde. Unsere Bekanntschaft hatte damit begonnen, dass wir Abend für Abend Karten spielten, ein polnisch-russisches Spiel, das *Imbecile* heißt und bei dem der gewinnt, der als Erster alle Karten *ablegen* kann. Witek dachte, dass mich die Schachtel erstaunen würde.

In der zweiten Lage befindet sich unter den Vögeln der Hänfling, den ich an der rosafarbenen Brust und den beiden weißen Streifen in seinem Schwanz erkenne. Tsooet! Tsooet! …, ruft oben im Busch oft ein ganzer Schwarm von ihnen im Chor.

»Wer mich am meisten zur Vernunft gebracht hat, ist ein kleiner Freund, dessen Bild ich Ihnen hier schicke. Dieser Geselle mit dem kecken Schnabel, der steilen Stirn und dem altklugen Auge heißt ›Hypolais hypolais‹, zu Deutsch ›Gartenlaubvogel‹ oder auch ›Gartenspötter‹.« 1917 saßt du in Wronke bei Posen im Gefängnis und hast deinen Brief so fortgesetzt: »Sie haben ihn sicher schon irgendwo gehört, denn er nistet gern überall in dichten Gärten und Parkanlagen, Sie haben ihn nur nicht beachtet, wie die Menschen zumeist an holdesten Dingen im Leben achtlos vorbeigehen. Dieser Vogel ist ein ganz eigenartiger Kauz. Er singt nicht etwa ein Lied, eine Melodie, wie andere Vögel, sondern er ist ein Volksredner von Gottes Gnaden, er hält Ansprachen an den Garten, und das mit ganz lauter Stimme, voller dramatischer Aufregung, sprunghafter Übergänge, pathetischer Steigerungen. Er wirft die unmöglichsten Fragen auf, beeilt sich, selbst darauf unsinnige Antworten zu geben, stellt die gewagtesten Behauptungen auf, widerlegt hitzig Ansichten, die niemand geäußert hat, rennt offene Türen ein, triumphiert dann plötzlich: ›Hab ich's nicht gesagt? Hab ich's nicht gesagt?‹ Gleich darauf warnt er feierlich alle, die es hören wollen oder nicht wollen: ›Ihr werdet schon sehen! Ihr werdet schon sehen!‹ (Er hat nämlich die gescheite Gewohnheit, jeden Witz zweimal zu wiederholen.)«

In der Schachtel mit dem Hänfling befinden sich noch sämtliche Streichhölzer.

»Ihr eigentlicher Führer«, schriebst du 1910, »ist in Wirklichkeit die Masse selbst, und zwar dies dialektisch in ihrem Entwicklungsprozess aufgefasst.«

Auf welchem Weg kann ich dir nur diese Sammlung Streichholzschachteln schicken? Die Verbrecher, die dich umgebracht haben, schmissen deinen misshandelten Körper in einen Berliner Kanal. Man fischte ihn drei Monate später aus einem stehenden Gewässer. Einige bezweifelten, dass es sich um deine Leiche handelte.

Ich schicke dir die Sammlung, indem ich dir in diesen dunklen Zeiten diese Zeilen schreibe.

»Ich war, ich bin, ich werde sein!«, hast du gesagt. Dein Leben gibt uns ein Beispiel, Rosa. Und so wird es gehen, ich schicke die Schachtel an dein Beispiel.

Unverschämt

Kürzlich las ich erneut Albert Camus' wundervolles Buch *Der erste Mensch*. Hier sucht er in seiner Kindheit und frühen Jahren nach dem, was ihn zu dem späteren Schriftsteller und Menschen gemacht hat. Und dies ohne jeden Anflug von Egozentrik. Es ist ein Buch über die Welt, wie sie damals war, und über Geschichte.

Nach der Lektüre begann ich mich zu fragen, was mich zu dem Geschichtenerzähler hat werden lassen, der ich heute bin. Und ich fand einen Hinweis. Nicht vergleichbar mit dem, worauf Camus stieß. Nur eine Einsicht, die schnell niedergeschrieben ist.

Solange ich mich erinnern kann, habe ich den Eindruck, eine Art Waisenjunge zu sein. Ein merkwürdiges Waisenkind, denn ich hatte liebevolle Eltern. An meiner Lage war nichts zu beklagen. Bestimmte materielle Umstände evozierten diesen Eindruck jedoch und haben ihn sogar verstärkt.

Ich sah meine Eltern nur selten. War ich zu Hause, passte ein neuseeländisches Kindermädchen auf mich auf, während meine Mutter in der Küche Kuchen und Leckereien buk, die sie auf dem Markt verkaufte. Das war in den Dreißigern, und meinen Eltern fiel es unter diesen Lebensumständen nicht leicht, für alles zu sorgen. In den beiden Zimmern, in denen das Zimmermädchen und ich wohnten, gab es einen großen Schrank, den sie das Tränengehäuse nannte. Wenn ich heulte, wurde ich hineingesteckt. Von Zeit zu Zeit kam meine Mutter die Treppe hoch, um zu schauen, wie es uns erging, und brachte eine Schachtel hausgemachtes Schokoladenkaramell.

Schon früh wurde ich in Internate gesteckt. Jedes Semester dauerte ungefähr drei Monate, und meine Eltern besuchten mich jeweils einmal und holten mich für einen Samstagnachmittag ab.

Das einzige Familienfest war Weihnachten. Ein dreitägiges Fest mit Onkeln, Tanten, Cousins und Cousinen. Und von früher Jugend an wurde ich gebeten, vor der Familienrunde eine Ansprache zu halten, um sie zum Lachen zu bringen, als wäre ich der durchgeknallte Botschafter von Gott weiß woher.

Mit sechzehn lief ich aus dem Internat weg und fand einen Weg, mit Freunden allein in London zu leben. Und wir schafften es. An Weihnachten gingen wir heim, um meine Eltern zu besuchen und gemeinsam zu feiern. Mein Vater schenkte mir mein erstes Moped. Mit achtzehn bat ich ihn, mir Modell zu sitzen, und ich malte ein Porträt von ihm. Als Junge hatte er Maler werden wollen, aber es wurde ihm nicht erlaubt. Als Souvenir an seinen Wunsch hatte er ein Bild behalten, Dahlien, die er auf eine Metallplatte gemalt hatte, und für mich als Kind wurde diese bemalte Platte zu einer Art Talisman.

Als Waisenkind lernt man, auf sich selbst gestellt zu sein, nebst den dazugehörigen Tricks und Schlichen. Man wird ein *Frei*berufler, ein *free-lancer*.

Und als *free-lancer* behandelte ich ab einem Alter von vier oder fünf Jahren an jeden, der mir begegnete, als wäre er ein Waisenkind, ganz so wie ich. Und ich glaube, das mache ich immer noch so.

Ich schlage eine Verschwörung von Waisen vor. Wir tauschen versteckte Zeichen. Wir weisen Hierarchien zurück. Jede Form von Herrschaft. Wir finden uns mit der Scheißwelt ab und tauschen Geschichten darüber aus, wie man trotz allem überlebt. Wir sind unverschämt. Mehr als die Hälfte aller Sterne im Universum sind Waisen, die zu keinem Sternbild gehören. Und sie streuen mehr Licht als alle Sternbilder zusammen.

Ja, wir sind frech. Und ich glaube, ich lauere Lesern in der gleichen unverschämten Art auf und quatsche sie an. Als ob ihr ebenfalls Waisenkinder wärt.

Einige Anmerkungen
über die Kunst zu fallen

Was auf der Welt geschieht, hält er gleichzeitig für so erbarmungslos wie unerklärlich. Und nimmt es als gegeben hin. Seine Energie konzentriert er auf das Unmittelbare, darauf, durchs Leben zu kommen und einen Weg zu etwas ein wenig Heiterem zu finden. Er hat beobachtet, dass sich im Leben viele Situationen und Umstände wiederholen und sie so, bei aller Fremdheit, zu etwas Vertrautem werden. Seit frühester Kindheit ist er mit allen Wassern gewaschen, kennt alle Witze, Tricks, Schliche, Redensarten, Ratschläge, Ausreden und Ausflüchte, die sich auf die wiederkehrenden Rätsel des Alltags beziehen. Und so wappnet er sich mit sprichwörtlicher Voraussicht gegen alles, was ihm entgegensteht. Selten gelingt es, ihn zu überraschen.

Hier einige Kernsätze der von ihm erlernten sprichwörtlichen Voraussicht.

*

Der Arsch ist die Mitte des Mannes; seinen Widersacher tritt man in denselben, und wenn's dich umhaut, fällst du höchstwahrscheinlich voll auf denselben.

Frauen sind von einer anderen Welt. Achte vor allem auf ihre Augen.

Die Mächtigen sind immer übergewichtig und nervös.

Prediger lieben nur ihre eigene Stimme.

Es fehlen Worte, um den tagtäglichen Sorgen, den ungestillten Bedürfnissen und enttäuschten Wünschen Namen zu geben.

Die meisten Menschen haben keine Zeit für sich, aber das merken sie nicht. Werden sie verfolgt, hetzen sie nur ihrem eigenen Leben hinterher.

Wie alle anderen fällst du nicht auf – bis du ausscherst und deinen Kopf riskierst, dann bleiben deine Gefährten stehen und betrachten dich verwundert. Und in der Stille dieses Verwunderns liegen alle nur vorstellbaren Worte sämtlicher Muttersprachen. So hast du für eine Unterbrechung gesorgt, die ein Wiedererkennen möglich macht.

Die Reihe der Männer und Frauen, die nichts oder fast nichts besitzen, spart eine Lücke aus von genau der richtigen Größe, damit ein kleiner Kerl sich darin verstecken kann.

Das Verdauungssystem entzieht sich oft unserer Kontrolle.

Ein Hut bietet keinen Wetterschutz; er ist ein Rangabzeichen.

Fällt die Hose eines Mannes, ist es eine Demütigung; heben sich die Röcke einer Dame, ist es eine Offenbarung.

In einer mitleidlosen Welt kann der Spazierstock zum Gefährten werden.

*

Andere seiner Maximen beziehen sich auf Orte und Umstände:

*

Geld – oder der Anschein desselben – öffnet Haus und Tor.

Treppen sind Rutschbahnen.

Fenster sind dafür da, hindurchzuklettern oder Dinge hinauszuschmeißen.

Balkone sind Pfeiler, an denen man herunterrutscht und von denen man Sachen hinunterschmeißt.

Die freie Wildbahn ist ein Versteck.

Jede Verfolgungsjagd dreht sich im Kreis.

Jeder Schritt führt voraussichtlich in einen Fettnapf, deshalb schreite mit Stil, um von der Scheiße abzulenken.

*

Etwas davon war bereits Teil der sprichwörtlichen Weisheit eines ungefähr zehnjährigen Kindes – mit zehn hat dein Alter erstmals zwei Ziffern –, das sich früh zu Beginn des 20. Jahrhunderts in Lambeth, im Süden Londons, herumtrieb.

Einen Großteil seiner Kindheit hatte das Kind in öffentlichen Verwahranstalten verbracht: zuerst in einem Armenhaus, dann in einer Schule für notleidende Kinder. Hannah, seine Mutter, an der er zutiefst hing, war unfähig, für ihn zu sorgen. Die meiste Zeit ihres Lebens wurde sie in Irrenanstalten weggesperrt. Sie entstammte dem Südlondoner Milieu der Music Halls.

Gestern wie heute ähneln öffentliche Einrichtungen für Notleidende – wie Armenhäuser oder Schulen für verwahrloste Kinder – in ihrer Anlage und Organisation Gefängnissen. Strafanstalten für Verlierer. Wenn ich mir das zehnjährige Kind vorstelle und alles, was es erlebt hat, erinnert es mich an die Bilder eines bestimmten Freundes von mir.

Michael Quanne hat bis Mitte vierzig fast die Hälfte seines Lebens hinter Gittern verbracht – für wiederholte geringfügige Diebstähle. Im Gefängnis begann er zu malen.

Seine Sujets sind Geschichten und Geschehnisse in der freien Welt da draußen, wie sie sich ein Gefangener vorstellt. Ein auffallendes Merkmal all seiner Gemälde ist die Anonymität der Plätze und dargestellten Orte. Die vorgestellten Figuren, die Protagonisten der Bilder, sind lebhaft, ausdrucksstark und voller Energie, aber die Straßenecken, die imposanten Gebäude, die Aus- und Eingänge, die Skylines und Gassen, in denen sich die Figuren wiederfinden, sind kahl, gesichtslos, leblos, gleichgültig. Nirgendwo findet sich ein Zeichen oder eine Spur von der Berührung einer Mutter.

Wir schauen die Außenwelt durch das durchsichtige, aber mitleidslos undurchdringliche Glas im Fenster einer Gefängniszelle.

Der Zehnjährige wächst zu einem Jugendlichen und schließlich zu einem jungen Mann heran. Klein und dünn, mit durchdringend blauen Augen. Er singt und tanzt. Er führt Pantomimen vor. Dazu erfindet er ein ausgefeiltes Zwiegespräch zwischen den Mienen seines Gesichts, den Gesten seiner makellosen Hände und der ihn umgebenden Luft, die frei

ist und nirgendwohin gehört. Als Darsteller wird er ein Meistertaschendieb, der aus Taschen voller Verwirrung und Verzweiflung ein Lachen angelt. Er dreht Filme und spielt in ihnen mit. Die Kulissen sind kahl, anonym und ohne Mütter.

Lieber Leser, du hast schon erraten, wen ich meine, oder? Charlie Chaplin, der kleine Kerl, der Tramp.

Als er 1923 mit seiner Crew *Goldrausch* drehte, kam es im Studio zu einer lebhaften Diskussion über den weiteren Verlauf der Geschichte. Eine Fliege sabotierte die Konzentration, sodass Chaplin schließlich wütend eine Fliegenklatsche verlangte, um sie zu erschlagen. Es gelang ihm nicht. Einen Augenblick später landete eine Fliege auf dem Tisch neben ihm, ganz in Reichweite. Er griff nach der Klatsche, um auszuholen, doch dann hielt er plötzlich inne und legte sie zur Seite. Als die anderen fragten, warum er das tat, schaute er sie nur an und sagte: »Das ist nicht dieselbe Fliege.«

Schon ein Jahrzehnt früher hatte Roscoe Arbuckle, einer von Chaplins feisten Lieblingsschauspielern, seinen Kumpel Chaplin »das vollkommene komische Genie« genannt, »mit Sicherheit der Einzige unserer Zeit, über den man noch in hundert Jahren sprechen wird«.

Das Jahrhundert ist vergangen, aber was »Fatty« Arbuckle prophezeite, ist wahr geworden. Während dieser hundert Jahre hat sich die Welt tiefgreifend verändert – ökonomisch, politisch, gesellschaftlich. Mit der Erfindung des Tonfilms und der Neuordnung Hollywoods hat sich auch das Kino verändert. Und doch haben die frühen Chaplin-Filme nichts von ihrem überdrehten Humor, ihrem Biss und ihrer Erleuchtung eingebüßt. Und mehr noch: Ihre Bedeutung scheint uns

näher und dringlicher als je zuvor: Sie bieten einen verbürgten Kommentar zu dem 21. Jahrhundert, in dem wir leben.

Wie ist das möglich? Ich möchte zwei mögliche Erklärungen vorschlagen. Die erste betrifft Chaplins sprichwörtliche Weltsicht, wie ich sie oben beschrieben habe, die zweite betrifft sein Genie als Clown, das – paradoxerweise – so viel dem Leiden seiner Kindheit verdankt.

Heutzutage zwingt uns die globale Tyrannei des spekulativen Finanzkapitalismus – dessen einziges Ziel Gewinnmaximierung und Geldakkumulation ist und wozu er Regierungen (und deren Politiker) als Sklavenhalter und die Medien als Opiumspender einsetzt – eine Weltsicht und ein Lebensmuster auf, das gehetzt, unsicher, erbarmungslos und unergründlich ist. Und dieser heutige Blick auf das Leben entspricht vielleicht mehr der sprichwörtlichen Weltsicht des Zehnjährigen als das Leben zur Zeit der frühen Chaplin-Filme.

Heute Morgen stand in der Zeitung, dass Evo Morales, der relativ großherzige und gar nicht zynische Präsident von Bolivien, ein neues Gesetz eingebracht hat, das Kindern erlauben soll, schon mit zehn Jahren zu arbeiten. Nahezu eine Million Kinder machen das bereits illegal und verdienen etwas dazu, damit ihre Familien nicht hungern. Sein Gesetz wird ihnen rechtlich etwas Schutz bieten.

Vor sechs Monaten ertranken im Meer vor der italienischen Insel Lampedusa 400 Immigranten aus Afrika und dem Nahen Osten auf einem seeuntüchtigen Boot bei ihrem Versuch, sich heimlich nach Europa zu stehlen, um dort Arbeit zu finden. Auf dem ganzen Globus suchen 300 Millionen Männer, Frauen und Kinder nach Arbeit, um sich die Mittel für das blanke Überleben zu sichern. Der Tramp ist kein Singular mehr.

Das Ausmaß des anscheinend Unerklärlichen wird von Tag zu Tag größer. Die demokratisch legitimierte Politik ist bedeutungslos geworden, denn der Diskurs der nationalen Politiker hat längst keinen Einfluss mehr auf das, was sie tun oder lassen. Die grundlegenden Entscheidungen werden heute überall von Finanzspekulanten und ihren Agenten getroffen, die namenlos sind und sich politisch nie erklären. Wie der Zehnjährige vermutete: »Es fehlen Worte, um den tagtäglichen Sorgen, den ungestillten Bedürfnissen und enttäuschten Wünschen Namen zu geben.«

Der Clown weiß, das Leben ist grausam. Schon das leuchtend farbige Flickenkostüm des uralten Possenreißers war ein Witz auf seine übliche Melancholie. Ein Clown ist an Verlust gewöhnt. Verlust ist sein Prolog.

Die Energie in Chaplins Sketchen wächst mit jedem Schritt, den er macht. Jedes Mal, wenn er fällt, kommt er als neuer Mensch auf die Füße. Ein neuer Mensch, der gleichzeitig derselbe *und* ein anderer ist. Das Geheimnis seines Elans liegt in seiner Vervielfachung.

Diese Vervielfachung erlaubt ihm, sich an der nächsten Hoffnung festzuhalten, obwohl er sich daran gewöhnt hat, dass seine Hoffnungen wieder und wieder erschüttert werden. Mit Gleichmut erträgt er eine Demütigung nach der anderen: Selbst wenn er zum Gegenangriff übergeht, geschieht das mit einer Spur Bedauern. Diese Gelassenheit lässt ihn unverwundbar werden – unverwundbar, scheinbar bis zur Unsterblichkeit. Wir, die wir in unserem hoffnungslosen Zirkus aus Ereignissen die gleiche Unsterblichkeit ahnen, erkennen sie durch unser Lachen an.

In Chaplins Welt wird das Lachen zum Spitznamen der Unsterblichkeit.

Es gibt Fotos von Chaplin mit Mitte achtzig. Als ich sie eines Tages betrachtete, kam mir der Ausdruck seines Gesichts vertraut vor. Und doch wusste ich nicht, warum. Später dämmerte es mir, und ich schaute nach. Sein Ausdruck gleicht dem Rembrandts auf seinem letzten Selbstporträt: *Selbstbildnis als lachender Philosoph oder Demokrit.*

»Ich bin nur ein kleiner Komiker«, sagt er, »alles, was ich will, ist, dass die Leute lachen.«

Et in Arcadia ego

Skandinavien ist dünn besiedelt, und wenn die Bewohner einmal direkt Seite an Seite leben oder eine Menge bilden, vermeiden sie doch, zu einer Masse zu werden. Im streng physikalischen Sinn des Wortes bleiben sie heterogen. Das Widerstreben, sich zu vereinen, oder das Bedürfnis, für sich zu bleiben, ist nicht einfach ein Ausdruck von Individualismus, denn in anderer Hinsicht sind die gleichen Menschen folgsam, voller Bürgersinn und Tradition. Das mag mit ihrem kalvinistischen Gewissen zusammenhängen. Aber da gibt es auch etwas, das nicht im Entferntesten kalvinistisch ist: Sie alle haben sich das Ideal eines eigensinnigen Glücks bewahrt, ein Ideal, das von gemeinsamen Erinnerungen, zum Teil erfundenen, zum Teil wirklichen, genährt wird, Erinnerungen an die Sommer der Kindheit, an Sonne und Wasser und nie endende Tage. Jede Kultur erfindet ihr eigenes Arkadien, aber hier ist es eng mit dem herrschenden Klima und der Geografie verbunden. Der Winter ist hier dunkel und unerträglich lang, und der alljährlich wiederkehrende, zweimonatige Sommer mit den mehr oder weniger hellen Nächten – abhängig vom Breitengrad – ist wie eine mit dem ganzen Körper verdiente Belohnung, wie eine Erklärung der Unschuld.

Beim Niederschreiben dieser Worte denke ich plötzlich an die Gemälde, die Sven vor zehn Jahren vor der bretonischen Küste auf der Insel Belle-Île gemacht hat. Nackte Körper, Gischt, von den Felsen zurückgeschleuderte Salzflut, schimmerndes Sonnenlicht auf allem, kein Ende in Sicht. Die Gemälde sind tatsächlich Bilder von diesem eigensinnigen Glück und diesen Kindheitssommern.

In Skandinavien ziehen die Menschen jeden Alters im Sommer so viele Kleider aus, wie es ihre Selbstachtung gerade zulässt, sodass die dreifache Unschuld aus Sonnenlicht, Wasser und belohntem Körper zur Berührung kommen kann.

*

Ich war zu seiner Beerdigung nach Stockholm gekommen. Fünfzig Jahre lang waren wir Freunde gewesen und hatten vieles gemeinsam gemacht. Dächer repariert. Gekocht. Gemeinsam an Büchern gearbeitet. Reisen unternommen. Zement gemischt. Demonstriert. Manchmal lasen wir in derselben Woche das gleiche Buch, um darüber zu sprechen. Wo Sven politisch stand, hat noch keinen Namen – vielleicht wird man ihn in den nächsten zwanzig Jahren erfinden, wenn die Veränderungen, die heute stattfinden, besser verstanden sind. Aus Ermangelung eines besseren Begriffs war er mit der Bezeichnung »Anarchist« zufrieden. Hätte man ihn einen »Terroristen« genannt, hätte er nur mit den Schultern gezuckt.

Er hatte einen ausladenden Gang, als säße sein Oberkörper auf einem Kamel. Er sprach recht langsam, und seine Stimme war außergewöhnlich beruhigend – die Stimme eines Mannes, der dir im Vertrauen zuflüstert, dass ein Waffenstillstand ausgerufen wurde. Wenn er auf etwas bestand, wenn er unversöhnlich wurde, stand ihm sein Haar – als er noch welches hatte – zu Berge! Seine langen, knochigen Finger endeten in ungewöhnlich großen Fingerkuppen, sie suggerierten, dass er auch blind die Qualität von etwas erkennen konnte. Und das beruhigte Männer wie Frauen.

Obwohl er schlank und groß war, schwamm er mit der Leichtigkeit und Anmut eines Delphins.

*

Noch ein Tag bis zu seinem Begräbnis. Ich ging ins Stockholmer Nationalmuseum, um die Bilder wiederzusehen, die wir gemeinsam betrachtet hatten. Es gab dort eine Landschaft von Berthe Morisot, die er besonders mochte. Sie ist gemalt wie das Innenfutter eines Kleides, sagte er, wie das Innere eines Kleides, das die Haut berührt!

*

In einem Sommer vor ungefähr vierzig Jahren wohnte ich zum ersten Mal für mehrere Monate in Sven und Romaines Haus im Vaucluse. Ihre Tochter Karin war gerade zur Welt gekommen. Das Haus mit seinen beiden Feigen-, den vielen Kirsch- und Aprikosenbäumen ringsum war primitiv; es gab weder Strom noch fließendes Wasser. Zum Waschen wurde das Regenwasser aufgefangen, Trinkwasser holten wir vom Brunnen im Dorf. Gekocht wurde auf einem Herd in der Küche. Mittags, wenn es heiß wurde, flüchteten die Hühner hierhin in den Schatten. Es gab auch zwei Hunde. Romaine arbeitete draußen, sie meißelte die vor Ort auffindbaren Steine zu Skulpturen. Sie war oft voller weißem Staub. Sven malte in einer Art Verschlag, den man über die Treppe erreichte. Der einzige Luxus in diesem Haus mit seinen vier Räumen war die Bibliothek – ein Zimmer mit vier Wänden voller Bücher, die Sven gehörten, und wo ich arbeitete. All unser Geld befand sich in einer Schale auf dem Sims über dem Herd. Überall das Schrillen der Zikaden, und nachts das Kreischen der Eulen. Da war nichts Skandinavisches, und doch hatte Sven sein Arkadien mitgebracht, und im Juli und August mussten wir dafür zahlen, denn mehr und mehr Besucher kamen und wollten gar nicht mehr weg. Sie schliefen im Gras oder schlugen Zelte auf.

Abends kochten Sven und ich. Wir benutzten nur noch Emailteller, weil die besser zu stapeln waren und nicht zerbrachen. Die Leute saßen auf den aus dem Citroën 2CV herausgebauten Sitzen oder auf Steinen, die Romaine eines Tages in Skulpturen verwandeln würde. Die Gäste kamen aus Paris, Deutschland, London, Stockholm. Es waren Wissenschaftler, Professoren, Mediziner, Kunsthistoriker, Architekten, die alle – dank Svens Präsenz, seiner Gastfreundschaft und Fingerfertigkeit – glaubten, (durch Zufall) ins Paradies geraten zu sein.

Sieben Besucher sind seit dem frühen Nachmittag hier gewesen. Vom Feldweg her, der zum Haus führt, hören wir eine weitere Wagenladung näher rücken. Das Haus hatte zuerst einem alten Bauern gehört, der es vor seinem Tod Sven vermachte, um den Staat zu überlisten. Ich blicke auf die Uhr. Heute Abend gibt es Menü C, sagt mir Sven im Vertrauen. Ich mache das Feuer, du fährst!

Menü C bedeutet, dass ich zur Müllkippe in Cavaillon fahre, um dort das noch essbare Obst und Gemüse herauszufischen, das nach Schließung des Marktes weggeworfen wird. Bevor ich aus der Küche trete, nehme ich aus der Schale Geld, um Brot zu kaufen.

*

Im Nationalmuseum hing ein Rembrandt, den ich noch nie gesehen hatte und der bei unseren gemeinsamen Museumsrundgängen noch nicht da gewesen war. Das Sujet ist der alte Simeon bei der Darbringung des Jesuskindes im Tempel. Bald wird er sein bekanntes *Nunc dimittis* aussprechen.

Mein Bedürfnis, eine Zeichnung nach dem Gemälde zu machen, hatte allerdings mit den Worten – wieso auch – nichts zu tun. Ich wollte einfach nur genau erkennen, wie das in Windeln gewickelte Kind, gleich einem Fisch, auf den ausgestreckten Unterarmen des Greises lag und wie die acht Finger und zwei Daumen seiner beiden Hände sich fast berührten – aber nur fast.

*

Sven war über sechzig Jahre lang hauptberuflich Maler, aber in all den Jahren verkaufte er weniger Bilder als jeder andere Künstler, den ich kannte. Deshalb lebte er mit beachtlichen finanziellen Engpässen. Hinten und vorne fehlte Geld. Für die längste Zeit seines Lebens hatte er kein richtiges Atelier, wie es sich selbst noch die bescheidensten Maler vorstellen. Außerhalb seines engen Freundeskreises blieb er unbeachtet. Und trotzdem verging kein Tag, an dem er nicht einen Pinsel, ein Stück Pastellkreide oder einen Stift zur Hand nahm, um zu arbeiten – und er vergaß darüber die Zeit und betrat jene Jahreszeit, in der die Natur uns in ihrer Unschuld überrascht.

Ich hatte stets den Eindruck, dass nicht Sven seine Sujets wählte, sondern dass diese ihre Bestellung bei ihm aufgaben. Seine Sujets wurden dann zu seinen Förderern: ein Küstenverlauf, ein Kirschgarten, ein Fluss, der eine Stadt durchtrennt, ein Gebirgszug, der verknotete Ast einer Rebe, das Gesicht eines Freundes.

Während der letzten Jahre litt er unter fortgeschrittenem Parkinson, und an manchen Tagen, wenn er sich stark genug fühlte, war sein Förderer ein Obstteller, den er mit langen zittrigen Fingern arrangierte, in der Wohnung, in der er mitsamt seiner Familie im Zentrum von Stockholm lebte. Von diesen Früchten machte er mit Ölkreide Stillleben, die kaum größer waren als Postkarten.

Für ihn bedeutete es eine Zeitverschwendung, über seine Schwierigkeiten zu sprechen, denn er glaubte an die Vorsehung. Er zählte auf glückliche Fügungen (aber natürlich muss man sie bei ihrem Eintreffen als solche erkennen, betonte er), er gab viel auf das Beispiel Pissarros, der ein Herz aus Gold hatte und doch ein großer Maler gewesen war, er vertraute auf unerwartete Begegnungen (alles eine Frage, die Augen offen zu halten, was den meisten Menschen nicht gelingt) und auf die Mysterien der Natur. Und deshalb führten die Farben auf seinen letzten, winzigen Stillleben ein Gespräch miteinander. Und das ist auch der Grund, warum er ohne Groll lebte. Er konnte zornig werden, aber persönlich verärgert war er nie. Und wenn er Bach hörte, fand er seinen Glauben an die Vorsehung zutiefst bestätigt.

Jene, die nicht mit Sven einer Meinung sein konnten, dachten, er sei starrköpfig. Nie zog er seine Meinung zurück, nie änderte er sie vor andern. Ständig bewegte er sich voran. Selbst in seinen letzten Monaten, als er ohne Hilfe nur mehr einen Schritt vor den nächsten setzen konnte, zwanzig Zentimeter um zwanzig Zentimeter, und fünf Meter eine Unendlichkeit schienen, bewegte er sich ständig voran – oder er rastete mit geschlossenen Augen, bis er dafür wieder zu Kräften fand. Die anderen kritisierten ihn, denn obwohl er sein ganzes Leben der Kunst gewidmet hatte, wussten sie, dass er kein Genie war. Ihnen blieb das Edle seiner Beharrlichkeit verborgen.

Er starb an einem Herzanfall, allein und nur wenige Meter von dem Tisch entfernt, auf dem er die kleinen Obstteller für seine Stillleben arrangiert hatte. Es war der längste Tag des Jahres gewesen – der 21. Juni 2003. Als man seinen Leichnam fand, wurden die Tage bereits unmerklich kürzer.

*

Die Beerdigung sollte um zwei Uhr nachmittags in Skogs-
kyrkogården, einem südlichen Vorort von Stockholm, stattfinden. Wir beschlossen, die Metro zu nehmen und dort vor
dem Treffen in der angegebenen Kapelle noch ein Sandwich
zu essen. Nach einer halben Stunde Warten kommt endlich
der Zug, und wir steigen ein. Alle Männer in kurzen Hosen,
die Frauen schulterfrei. Es ist heiß. Durch den Wagen, der mit
geöffneten Fenstern seinen Weg entlangschaukelt, schwebt
eine Nachsicht für ungelenke Liebe, das Gegenteil von Ele-
ganz, verpasste Gelegenheiten, Rücken voller Sommerspros-
sen, merkwürdiges Murmeln, verschwitzte Haare und heiße
Füße: Wie das Leben halt so ist.

Wo wir ankommen, gibt es zwei Blumenläden und einen
sich endlos hinziehenden Friedhof. Wir kaufen je eine Rose,
um sie auf den Sarg zu legen. Nirgendwo gibt es etwas zu
essen. Dazu müssen wir wieder mit der Metro bis zur vor-
letzten Station zurückfahren, wo der Friedhof eigentlich beginnt.

Das machen wir. Noch mehr Blumenläden, und davor ein
Komplex moderner Apartmentbauten, die um ein Rasenvier-
eck angelegt sind. Am Eingang zum Innenhof entdecke ich ein
Schild, auf dem ein Pfeil den Weg zu einem Restaurant weist.
Wir folgen dem Wegweiser in der Hoffnung auf ein Sandwich.
Viele Tische und eine Selbstbedienungstheke. Ein Menü aus
gekochtem Kabeljau in weißer Soße und Salzkartoffeln. Für
den Nachtisch eine große Vitrine mit Kuchen und buntem Ge-
bäck, das wie Spielzeug aussieht. Kaffee. Tee. Apfelsaft und
das, was man hier »Dünnbier« nennt (2 % Alkohol). In der
Warteschlange viele Gehstöcke. Alles in der Kantine ist weiß,
blendend weiß – wie eine weiße Metallbesteckschublade.
Und ebenso ist da der schwache Geruch von Gummischläu-
chen. In Rollstühlen kommen drei weitere Gäste. Als ich bei

der Getränkewahl zögere, sagt der Mann hinter mir: Dünnbier ist besser als kein Bier!

Ein paar Minuten später bemerke ich einen Mann und eine Frau in weißen Uniformen, die Gummihandschuhe anhaben und Infusionsflaschen tragen, und ich zähle endlich eins und eins zusammen. Wir sind in einer Kantine für Senioren, die dank der medizinischen Versorgung vor Ort noch selbständig in ihren Apartments leben können. Die Kantine ist aber auch der Öffentlichkeit zugänglich.

Jeder sitzt zum Abendessen an seinem eigenen Tisch. Wie Passagiere im Wartesaal eines Bahnhofs bewahren sie so ihre Unabhängigkeit. Ihr gemeinsames Ziel liegt auf der anderen Straßenseite, hinter den Blumenläden.

Sie halten den Blick gesenkt und studieren, was auf ihrem Teller liegt. Wahrscheinlich ist die offensichtliche Einsamkeit der anderen Tag für Tag schwerer zu ertragen als die eigene. Die einzige Ausnahme ist der Dünnbier-Mann, der von Tisch zu Tisch geht und dabei stets von neuem »Wieder so ein heißer Tag!« sagt und sich schließlich grinsend – gerade in dem Moment, da wir uns erheben, um nicht zu spät zur Beerdigung zu kommen – an unseren Tisch setzt.

Draußen ist die Luft so heiß wie der Atem eines schnaufenden Pferdes, und der Friedhof erstreckt sich, so weit das Auge reicht, in all seiner Stille.

*

Nach der Beerdigung waren die etwas mehr als hundert Gäste zu einem Buffet im Garten vor jenem Gebäude eingeladen, in dem die Stadt Sven ein Atelier zugeteilt hatte. Für einen Augenblick verließ ich den Garten und öffnete die Tür, die sich meiner Erinnerung nach im Erdgeschoss befand. Die Reinlichkeit verriet seine Abwesenheit. Nichts auf der Staffelei. Eine Reihe Leinwände standen nicht mit der Schauseite zur Wand, sondern offen da; die guten wirkten besser und die schwachen trostlos. Was mich aber am meisten erstaunte, war ein großer Kunstdruck, der auf Augenhöhe hinter der Staffelei hing. Es war Rembrandts *Simeon*.

Ich gesellte mich wieder zu Familie und Freunden, die im Garten Wein tranken, und fragte nach der Reproduktion, aber keiner war sich sicher, wann Sven sie erworben und aufgehängt hatte. Es soll das letzte Gemälde sein, an dem Rembrandt gearbeitet hat.

*

Am Tag nach der Beerdigung fuhren wir mit einem Motorrad, einer alten Yamaha 550 cc, die mir ein schwedischer Freund geliehen hatte, nach Norden in den Archipel. Dieses Schärenreich mit seiner Fülle an Inseln, Meeresarmen, Halbinseln und Buchten stellt in gewisser Weise die Typografie der Erinnerung nach und bietet sich als Traumlandschaft für sagenhafte Kindheiten geradezu an. Zu dieser Kindheit gehören nautisches Geschick und eine gar nicht so erträumte Vertrautheit mit dem Segeln, und es sind solche Tätigkeiten – Knoten knüpfen, Segel trimmen, das Anlegen am Steg, die Fähigkeit, eine Ruderpinne zu benutzen –, durch die sich der arkadische Traum von realer Praxis und Tradition nährt. Komm auf die Schären, und jeder Mann über fünfundfünfzig wird sich eine Mütze aufsetzen und so tun, als wäre er Kapitän zur See im Ruhestand.

Auf dem Motorrad fuhren wir gen Norden auf die Insel Furusund, die drei Kilometer lang und einen breit ist.

Am südöstlichen Ende der Insel finden sich ein Landungssteg mit Laden, ein Café und viele Riesen mit hellem Haar und bloßen Beinen – Männer und Frauen, die äußerst gemächlich ihr Eis schlecken, den Himmel beobachten, ihre

Bootstanks mit Benzin auffüllen, mit Handtüchern zur Dusche gehen, denn sie sind weit aufs Meer hinausgeschwommen, und sie lassen dabei ihre Kleinen unbeaufsichtigt in Schwimmwesten auf den Bootsdecks herumlaufen.

Es ist spät am Nachmittag. Neben uns hat ein Seekapitän in kurzen Hosen einem Jungen ein Eis angeboten, der mir beim Fußballspielen aufgefallen war. Er hat flinke Füße.

Ich habe heute Morgen einen Elch gesehen, sagt der Junge zum Kapitän.

In der Jahreszeit? Glaub ich nicht.

Doch. Hab ich.

Ein Wie-viel-Ender?

Ich hatte nicht genug Zeit, sie zu zählen – er ist weggelaufen.

In diesem Moment halten beide ein und schauen hinaus aufs Wasser.

Ein Schiff ist auf seiner Fahrt nach Norden durch den Kanal zwischen Furusund und Yxlan aufgetaucht.

Der Maßstab des Schiffes ist unergründlich. Es ist höher als vier übereinandergestapelte Wälder. Es gleitet ganz still vorüber, als ob seine schiere Unwahrscheinlichkeit das Sichtbare, nicht aber das Hörbare zu durchdringen vermöchte. Es wird morgen früh in Helsinki eintreffen, kurz nachdem die Sonne ein vierstöckiges gelbes Gebäude erreicht, vor dem es anlegen wird.

Wie kam denn dein Elch auf die Insel?, fragt der Kapitän.

Ist geschwommen, antwortet der Junge, muss wohl geschwommen sein.

Elche ziehen im Rudel umher. Sind keine Einzelgänger, und sie schwimmen auch nicht im Meer.

Dann muss er sich verirrt haben. Ich habe ihn zwischen den Bäumen gesehen, er war schon alt.

Ich mische mich unter die Menschen, die Kinder und Hunde am Kai. Alle stehen sie da und schauen zu dem stillen, weißen Schiff hoch, ein Erstaunen, das zur Gewohnheit geworden ist, denn das Schiff oder sein Schwesterschiff fahren jeden Abend zur gleichen Stunde am Hafen vorbei.

Vor fünfzehn Jahren bin ich einmal auf dieser Linie gereist. Und später habe ich in Helsinki ein Motorrad vor dem vierstöckigen gelben Gebäude von Bord gefahren. Ich arbeitete damals an einem Roman und baute das Schiff in die Geschichte ein. Ich beschrieb es als die Fähre, mit der die Toten über den Styx setzen.

Wenn wir wüssten, dass unsere Geschichten das Risiko in sich tragen, uns einzuholen, würden wir dann anders schreiben? Ich glaube nicht. Aber auf dem Schiff war ich als der Geschichtenerzähler in dem Augenblick derjenige, der über Schicksale entschied. Ich war Lotse. Damals hätte man mich sogar auf die Kommandobrücke einladen können, während ich nun von der Insel Furusund auf das gleiche vorüberfahrende Schiff schaue und mich dabei so klein fühle wie jeder andere auch. Wie von der Höhe einer Schwebebühne schauen die wenigen Passagiere an Deck auf uns herab. Und nur ich weiß, dass Sven an Bord ist.

Ich spaziere zwischen den Birken herum und lausche auf das besondere Geräusch, das das Laub von Bäumen macht, die gleich am Meer wachsen. Dann gehe ich zum Café zurück.

Bleibt das Wetter so?, fragt der Junge den Kapitän.

Ja, morgen wird es gut.

Morgen schaue ich noch vor Sonnenaufgang nach dem Elch.

Das weiße Schiff hat den nördlichsten Punkt von Furusund passiert und ist verschwunden.

*

Eine Woche später grille ich in den Hochsavoyen draußen über einem Holzfeuer Fisch, Yves, mein Sohn, bringt mir ein Glas Wein und hält mir eine Schale Oliven hin. Es wird dunkel, meine Augen sind vom Rauch gerötet, und so fühle ich, ohne hinzuschauen, mit den Fingern nach ein paar Oliven und stecke mir eine in den Mund. Als ich den Stein ausspucke und versuche, den Geschmack zu bestimmen – scharf, schwarz-bitter, griechisch –, schießt mir ein Gedanke durch den Kopf: Von jetzt an schmecke ich die Oliven auch für Sven.

Und plötzlich reibe ich mir die Augen und erinnere mich: Sven und ich waren einander zum ersten Mal durch Zufall begegnet und hatten in einer großen Poussin-Ausstellung in London unsere Adressen ausgetauscht – unter vielen anderen hing dort auch das Gemälde *Et in Arcadia ego*. Die Leinwand zeigt eine Schäferin und drei Hirten in Arkadien, die auf ein Grabmal stoßen, das Letzte, was sie hier erwartet hätten. Einer der vier buchstabiert den anderen die Inschrift auf dem Grabstein vor.

Wunderbar!, sagte Sven, seine Haare standen ihm zu Berge. Alles auf dem Gemälde lenkt den Blick auf den Schatten des Armes von dem, der die Worte liest! Siehst du? Der Schatten da! Und er zeigte.

Über Wachsamkeit

Viele Menschen haben eine Lieblingsbar, wo sie sich mit ihren Freunden treffen. Ich lade Freunde lieber zu mir nach Hause ein. Aber ich habe ein Lieblingshallenbad, wo ich gern ein paar Bahnen in meinem Tempo hinter mich bringe und dabei auf Menschen treffe, die ich zwar nicht kenne, aber mit denen ich gleichwohl einen Blick oder manchmal ein Lächeln tausche.

Badekappen sind Pflicht. Auch, dass man sich duscht und die Haare wäscht, bevor man über eine der Leitern an den Ecken in das Becken hineinsteigt. Ich tauche ein, mache die ersten Schwimmzüge unter Wasser und habe den Eindruck, in eine andere Zeitzone vorzustoßen – so ähnlich wie es einem Kind ergehen mag, das zu Hause ein Stockwerk hoch- oder runtergeht.

Wir Schwimmer sind von anonymer Gleichheit. Keine Schuhe, keine Rangabzeichen, nur die Badesachen. Wenn man zufällig jemanden berührt, entschuldigt man sich. Die grenzenlose Grausamkeit, zu der Menschen fähig sind, wenn sie in Reih und Glied abgerichtet werden, ist bei der Wende zur zwanzigsten Bahn unvorstellbar.

Die Außenwände und das flache Dach des Schwimmbads sind aus Glas. Aus dem Fenster sieht man die umliegenden Gebäude und den Himmel. Im Westen ist ein kleiner Grashang, auf dem ein großer Silberahorn steht. Wenn ich auf der Seite schwimme, habe ich den Baum vor Augen.

Die Kontur des Baumes mit seinen vielen aufstrebenden

Ästen gleicht der Form eines seiner Blätter (was bei mehr oder weniger allen Bäumen so ist). Das Ahornblatt erinnert an eine Vogelfeder. Die Oberseite des Blattes ist salatgrün, die Unterseite silbrig. Gefiedert zu sein – das scheint dem Ahorn eingeschrieben.

Ich nehme mir vor, sobald ich mit meinen Bahnen zu Ende bin, eine Zeichnung von dem Baum zu machen: einmal sein ganzer Umriss und auf der gleichen Seite eine Detailskizze von einem einzelnen Blatt. So wird mein Stift, sage ich mir immer noch im Wasser, auf gewisse Weise dem genetischen Code des Ahorns folgen. Heraus käme so etwas wie der Text des Silberahorns.

Solche Texte sind in einer Sprache ohne Worte formuliert. Schon seit unserer frühesten Kindheit können wir sie lesen, und doch habe ich keine Namen dafür.

Später schwimme ich auf dem Rücken und schaue durch die Streben der Glasdecke. Ein lebhaftes Blau mit weißen Zirruswolken, vielleicht auf 5000 Meter Höhe. (*Cirrus* ist das lateinische Wort für Locke.) Durch den Wind treiben die »Locken« langsam auseinander, trennen sich und kommen wieder zusammen. Dank der Metallstreben der Glasdecke kann ich ihre Drift ermessen, sonst wäre es schwierig, sie überhaupt zu bemerken.

Die Bewegung der Zirren kommt anscheinend nicht von einem äußerlich auf sie wirkenden Druck, sondern aus ihrem Innern – wie bei einem sich im Schlaf regenden Körper.

Das ist es vielleicht, weshalb ich im Schwimmen innehalte. Ich verschränke die Arme hinter dem Kopf und lasse mich treiben. Meine großen Zehen ragen gerade so aus dem Wasser, das mich von unten her trägt.

Je länger ich die Zirren betrachte, desto mehr erinnern sie mich an wortlose Erzählungen, an Geschichten, die man mit den Fingern weitergibt; doch in Wahrheit werden die

text cirrus

Geschichten hier von winzigen Eiskristallen im schweigenden Blau erzählt.

Gestern habe ich in der Zeitung gelesen, dass zwanzig Palästinenser in ihrem Wohnhaus in Gaza in Stücke gerissen worden sind; dass die USA, um ihre Ölinteressen zu wahren, im Geheimen dreihundert weitere Truppen in den Irak entsendet haben; dass James Foley, ein vom IS gefangen gehaltener amerikanischer Journalist, bei seiner rituellen Hinrichtung durch Enthaupten gefilmt wurde; dass man fünfunddreißig illegale Einwanderer aus Indien – Männer, Frauen und Kinder – erstickt in einem Schiffscontainer auf einem Frachter fand, der gerade die Nordsee überquert und in London angelegt hatte.

Eine Zirre driftet nördlich in Richtung des tieferen Endes des Beckens. Ich treibe reglos auf dem Rücken, beobachte die Veränderungen und versuche ihr Muster mit den Augen festzuhalten.

Ihr Anblick schenkt mir eine Art Zutrauen, aber plötzlich verändert sich etwas, und ich brauche einen Moment, um zu verstehen, was. Langsam wird mir diese Veränderung klarer, und das Zutrauen, das ich empfinde, tiefer. Die Locken der weißen Zirruswolken beobachten einen Mann, der mit hinter dem Kopf verschränkten Armen im Wasser treibt. Ich beobachte sie nicht länger, sie beobachten mich.

Ein Treffpunkt

Mit meinen Händen
Werde ich zwei Steine ergreifen,
Einen vergangenen, einen zukünftigen,
Und davonlaufen.
Sogar bei leisester Brise werde ich fliegen,
Einen Wind herbeirufen, er soll
Kommen und jede Spur tilgen,
Und ich werde wie ein Waisenkind
Am Straßenrand sitzen und meine
Beiden Steine betrauern.

Seit kurzem lese ich den irakischen Dichter Abdulkareem Kasid und kann gar nicht mehr aufhören. Ich finde seine Stimme eindrucksvoll, und sie passt genau zu dem, was heute auf der Welt geschieht.

Seine Gedichte lese ich auf Englisch, in das er seine arabischen Verse mithilfe seiner Tochter und eines Freundes selbst übersetzt hat.

Die Katze –
Belauscht sie mein
Geschnatter?

Geboren wurde er 1946 in Basra. Heute lebt er in London.

Seine Stimme, die Geschichten, die sie heraufbeschwört, seine Art, Fragen zu stellen, erinnern mich an das Gefühl, in der Wüste zu sein. In der Wüste gibt es Stellen, wo der Raum zwischen dem Sand und dem Himmel unendlich scheint, aber anderswo ist es so, als ob es gar keinen Raum gäbe und als wären Himmel und Land unmittelbar ineinandergefügt. Geht man jedoch durch sie hindurch, berührt der Luftzug den aufrechten Körper auf die gleiche Weise. Die Art, wie Kasids Worte die Imagination berühren, hat etwas davon.

Jedes der Gedichte beschreibt die Erfahrung, gestrandet zu sein, und doch wird der Leser in jedem Gedicht von der Gegenwart einer Vergangenheit und einer Zukunft berührt.

Heute greifen die meisten Kommentare zu politischen Ereignissen – Terrorismus, Migration, wirtschaftliche Instabilität – in ihrer Analyse zu kurz. Die gesamte Welt hat sich im letzten Jahrzehnt des 20. Jahrhunderts grundlegend verändert – in den Neunzigern.

Es geschah damals, dass Agenturen, Lobbyisten und multinationale Organisationen des spekulativen Finanzkapitalismus zu den höchsten Entscheidern wurden, die die Entwicklung des gesamten Globus bestimmen konnten. Das bedeutet Globalisierung.

Das neoliberale Dogma hat Politik im klassischen Sinn obsolet gemacht. Parlamentarier wurden politisch entmachtet; alles, was ihnen bleibt, ist reden. Die Medien übernahmen die gleiche entleerte, leere Sprache. Begriffe wie Europa, internationale Solidarität, Unabhängigkeit wurden überholt und substanzlos. Und die Vermehrung von Akronymen in den Auslandsnachrichten spiegelt die gleiche Tendenz zur Entkernung wider.

Was die Welt im Moment in Bewegung hält, ist die nächstmögliche Akquisition: der nächste Deal, der nächste Kredit, die nächste Finanzspritze, das nächste Angebot an die Konsumenten.

Jeder historische Sinn, der die Vergangenheit und die Zukunft miteinander verbindet, wurde marginalisiert, wenn nicht gar eliminiert. Und so erleiden die Menschen eine Art historische Vereinsamung. Die Franzosen nennen diejenigen, die gezwungen sind, auf der Straße zu leben, S. D. F. – *sans domicile fixe*, was »ohne festen Wohnsitz« bedeutet. Wir leben unter dem ständigen Druck der Empfindung, dass wir zu den S. D. F. der Geschichte geworden sind. Es gibt schon längst weder Anlass noch Gelegenheit, der Toten oder Ungeborenen zu gedenken. Es gibt das alltägliche Leben, aber darum nur Leere. Eine Leere, in der heute Millionen von uns allein sind. In einer solchen Einsamkeit wird selbst der Tod zum Kameraden.

Kasid und die Tradition, zu der seine Dichtung gehört, beziehen sich weder nostalgisch auf die Vergangenheit noch utopisch auf die Zukunft. Kasid besucht die Geschichte, als wäre sie ein Treffpunkt, nicht um etwas zu beweisen, sondern um eine Gemeinschaft zu finden.

> Ein Café in der Ferne –
> Ich sehe es jetzt als Baum
> Sein Dach besteht aus Geäst, aus Laub
> Die Stühle sind aus Holz.
> Die Menschen, die es besuchen, haben es
>   sich auf den Ästen
> Bequem gemacht.

La lalala lalala la

Entlang der Seepromenade signalisieren Schilder, dass am Strand striktes Hundeverbot herrscht. Es ist früh im Oktober. Keiner schwimmt. Aber ein paar Menschen spazieren am Strand entlang, und einige sonnen sich. Mehr als die Hälfte sind in Begleitung ihrer Hunde. Wir sind in Italien.

Der Strand erstreckt sich dort, wo der Fischerort Comacchio ins Po-Delta übergeht. Venedig liegt sechzig Kilometer nördlich, Ravenna dreißig Kilometer südlich.

Gleich in welche Richtung du auch schaust, überall ist Wasser. Salzwasser im Meer, Süßwasser in den Seitenarmen des mächtigen Flusses. Halb Insel, halb Lagune, scheint dieser Ort nicht zum Festland zu gehören. Und jeder hier – Männer, Frauen, Kinder – weiß, wie man mit einem Boot umgeht.

In der Stadt gibt es so viele Kanäle wie Straßen. Wirtschaftlich hängt die Stadt von der Fischerei ab, vor allem von den Aalen – sie werden gefangen, verarbeitet, geräuchert und als Delikatesse exportiert.

Alle Erwerbszweige der Stadt haben etwas mit dem Wasser zu tun, und die Abgeschiedenheit, die das bedeutet, erklärt vielleicht etwas von der Physis der Bewohner. Die Frauen und Männer in Comacchio unterscheiden sich merklich von ihren Nachbarn. Stämmig, breitschultrig, vom Wetter gegerbt, mit großen Händen, daran gewöhnt, sich zu bücken, Leinen auszuwerfen, sie einzuholen, Köder auszulegen, zu warten, geduldig zu warten. Statt »bodenständig« nennt man sie besser »wasserfest«.

In der ersten Oktoberwoche begehen sie jedes Jahr ein Fest, das als *Sagra dell'Anguilla* (das Fest der Aale) bekannt ist. Die gepflasterte Ortsmitte ist dann voll mit den Ständen der von überall her eilenden Straßenhändler. Sie verkaufen Andenken, Ringe, Muscheln, Käse, Madonnen, Salami und billige Puppen, lauter kleine Freuden. Die Einwohner spazieren langsam vorüber, nehmen etwas von dem Krimskrams in die Hand, schätzen das kurze Vergnügen ab und bezahlen hier und dort mit ein paar Münzen. Es gibt auch Tische und Bänke, wo etwas zu essen und zu trinken angeboten wird. Der Geruch von Gegrilltem hängt in der Luft. Zwiebeln, Auberginen, Paprika und, vor allem, Aale.

Wenn die Aale gefangen werden, sind sie quecksilbrig, ungefähr vierzig Zentimeter lang und meist zehn Jahre alt. Jünger und kleiner sind sie gelb. Und davor, gleich nach dem Schlüpfen, sind sie durchscheinende *Leptocephali*, kleiner als Kaulquappen. Sie wachsen in den Tiefen der Sargassosee heran, gegenüber von Mexiko. Sie brauchen drei oder vier Jahre, um dem Golfstrom folgend den Atlantik zu durchqueren und an der Mündung des Po anzukommen.

Dort wechseln sie vom Salz- ins Süßwasser und lassen sich in den Sumpfgebieten um Comacchio nieder, um auszuwachsen. Nach einigen Jahren überkommt sie im Herbst der Drang, zu jenem Stück Meeresboden zurückzukehren, von dem sie ursprünglich stammen, um dort zu laichen. Danach sterben sie im Tang der Sargassosee; und erneut durchqueren die winzigen durchscheinenden *Leptocephali* allein den Ozean.

Im Herbst, wenn die ausgewachsenen Aale die Sumpfgebiete um Comacchio verlassen, werden die meisten von ihnen gefangen. In dem Moment, da sie sich wieder mit dem Salzwasser vereinen, schwimmen sie, ohne es zu merken, in die von den Fischern listig aufgestellten Fallen. Diese Reusen werden *lavoriero* genannt.

An jenem Nachmittag jedoch arbeitet, außer den Menschen und Händlern an den Marktständen, niemand. Die vertäuten Boote liegen reglos da.

Auf der Piazza XX Settembre macht sich neben dem mittelalterlichen Glockenturm eine Musikgruppe bereit. Sie haben einen Schlagzeuger, eine Geigerin, einen Kontrabassisten, eine Flötistin und einen Sänger. Drei Männer und zwei Frauen mit Kabeln, Mikros, Instrumenten, Scheinwerfern, Notenständern und dem ganzen Kram. Alle tragen Hosen oder Röcke im gleichen Schottenkaro. Die Beine und Arme sind bloß. Es ist heiß.

Michele, der Sänger, ruft den andern Musikern eine Silbe zu, nimmt seine Gitarre und schlägt einen Ton an. Lila greift ihn mit ihrer Flöte auf. Der Klang ist so verheißungsvoll, dass man augenblicklich versteht, warum der Idealist Plato die Flöte aus seinem Stadtstaat verbannte. Micheles Stimme stößt die Worte Silbe für Silbe hervor, und zwischen ihnen schaukelt sein Körper.

Ein paar Passanten bleiben stehen, um zuzuhören. Weitere gesellen sich dazu. Ein achtjähriges Mädchen und ein vierjähriger Junge fangen an, auf dem Pflaster zwischen den Zuhörern und den Musikern zu tanzen. Sie gehören zu einem der Musiker.

Die Zuhörer bilden einen Halbkreis und beginnen, von Michele aufgefordert, im Takt zu klatschen und sich im Rhythmus zu wiegen.

Hundert Menschen verfolgen summend und stampfend, was Laia mit der Geige macht, sie dreht sich im Kreis, sie neigt sich vor, als würde sie ein Baby stillen, das aus ihr aber keine Milch saugt, sondern Töne.

Die Zuhörer haben keine Instrumente, aber sie spielen auf ihren eigenen Gefühlen und Empfindungen und improvisieren mit ihren Überzeugungen darüber, wie es ist, genau jetzt zu leben, in diesem Augenblick, da der Tag endet und die Nacht beginnt.

Wie finden die *Leptocephali* ihren Weg durch die Meerestiefen bis zur Flussmündung? Wenn sie sich an etwas erinnern, dann an etwas, was geschah, bevor sie existierten.

Wem folgen sie?

Wie findet die auf der Piazza XX Settembre aufgeführte und improvisierte Musik mit der gleichen Sicherheit die Herzen der hundert oder mehr so einzigartigen verschiedenen Leben? Auf was lauscht die Musik noch außer auf sich selbst?

Gerade habe ich erfahren, dass Cesária Évora gestorben ist. Erst um die fünfzig wurde sie zum Weltstar. Sie sang schwarze westafrikanisch-portugiesische Lieder, deren Sprache und Akzent für alle Menschen, die nicht aus Kap Verde stammen, unverständlich sind. Sie war bis zur Halsstarrigkeit kompromisslos eigensinnig. Ihre Tonlage ist die eines Teenagers, eines Mädchens, das in einer Bar voller Matrosen sein Glück versucht, bevor es nach Hause geht, um für die kranke Mutter zu sorgen. Jeder Hund hat seinen Freitag, sagte sie einmal.

Wenn sie auf Welttournee geht – die Gegenwartsform ist hier obligatorisch –, füllt sie Riesenstadien, und doch ist an ihr nichts Exotisches; sie ist arm. Sie hat ein volles Gesicht wie eine Brust. Ihr Lachen, und sie lacht oft, ist eines, das die Tragik in sich aufgenommen hat. Die Reichen hören Lieder, aber die Armen hängen an ihnen und machen sie sich zu eigen. Das Leben, sagt Évora, ist Honig und Galle. Sie singt uns unser unverständliches Leben vor.

Auf der Piazza XX Settembre endet das Lied und mündet in eine erwartungsvolle Stille. Die Musiker schöpfen wieder

Atem und sprechen sich ab. Die Scharen Comacchios stehen entspannt da und lehnen sich an die Stille, als ob sie eine Wand wäre. Neuankömmlinge gesellen sich hinzu. Manch eine Hand wird geschüttelt und manche Schulter berührt.

Dann warten sie alle wie auf die kommende Flut, bevor sie in die flachen Boote steigen und sich abstoßen.

Während sie warten, würde ich gerne dreißig Kilometer südlich vor Ravenna die Basilika Sant'Apollinare in Classe besuchen, und dort würde ich dir gern das Mosaik in der Apsis aus dem 6. Jahrhundert zeigen. Es hat die Form einer Jakobsmuschel, misst gut zehn Meter im Durchmesser und nimmt ungefähr den gleichen Raum ein wie die Musikgruppe auf der Piazza XX Settembre.

Das Mosaik zeigt Himmel und Erde, mit Bäumen, Vögeln, Gras, Steinen, Schafen. Über allem, nicht größer als ein Kiesel, ist die offene Hand Gottes. Im Mittelpunkt das Haupt Christi, nicht größer als die Fläche von Gottes kleiner Hand. Die Farben sind hauptsächlich Grünschattierungen, Weiß, Gold und ein Türkisblau. Das Sujet, das den Titel vorgibt, ist die Verklärung, die Verwandlung Christi auf dem Berg Tabor in Galiläa. Und das Mosaik verwandelt wiederum den Raum. Jede Einzelheit, sei es eine Blume, ein Schaf, ein Büschel Gras, ein Kiesel, steht im Mittelpunkt des Ganzen; nichts auf dem Bild steht am Rand.

Das gewölbte Mosaik evoziert etwas in Bezug auf den Raum wie vielleicht die Ewigkeit in Beziehung zur Zeit. Es enthält den Raum und hebt ihn gleichzeitig auf. Die Entfernung bringt die Dinge hier eher zusammen, als sie zu trennen.

Wie kann es solch eine Verwandlung bewirken? Das Geheimnis liegt darin, wie die Steinchen, die *tesserae* des Mosaiks, mit dem Licht spielen. Diese winzigen Würfel aus Glas,

Marmor und Stein erzeugen durch die Art ihrer Anordnung eine außergewöhnliche visuelle Energie. Wie gelingt ihnen das?

Die *tesserae* variieren bestimmte Farben in den verschiedensten Tönen. Nicht zwei sind sich gleich. Der Winkel, in denen sie vor vierzehn Jahrhunderten in den Mörtel gedrückt wurden, variiert ebenso, er ist in jedem Sektor anders, was bedeutet, dass das reflektierte Licht an manchen Stellen leuchtet, an anderen milchig ist – wie in der Natur, wenn das Licht von sich bewegendem Wasser widergespiegelt wird. Und schließlich sind die Linien der *tesserae* – die Kolonnen, in denen sie sich über das gewölbte Mosaik bewegen – niemals gerade, sondern immer mehr oder weniger gewunden. Sie bewegen sich fort wie Aale.

Wenn du aufschaust und das gesamte Mosaik betrachtest, ist alles, was du siehst, reglos und still und gleichzeitig Teil der unablässigen Drehung im Raum.

Wenn man nur darauf achtet, wird so aus jeder Einzelheit – aus jedem Baum, jeder Blume oder jedem Schaf, aus jedem Stein oder Propheten, wo immer man das Detail auch angebracht hat und wie groß es auch sein mag – der Mittelpunkt von allem, was sie umgibt.

Auf der Piazza XX Settembre wählen sie als nächstes Lied »Il Pescatore«. Es wurde in den Siebzigern komponiert und zum ersten Mal von Fabrizio De André gesungen. Zwei Generationen lang summte und sang es in Italien jedes Kind.

Das Lied erzählt die Geschichte von einem alten Fischer, der am Strand einschläft. Sein Gesicht ist voller Falten, aber vom Lachen. Ein anderer Kerl taucht auf. Er ist auf der Flucht. Er bettelt um Brot gegen seinen Hunger und um Wein gegen seinen Durst. Ohne zu zögern, gibt ihm der Fischer beides. Der Mann geht weiter. Zwei berittene Polizisten kommen zum Strand und fragen, ob der Fischer irgendjemanden gesehen habe. Der Fischer sagt nichts, und die Sonne versinkt im Meer.

Die Geschichte ist einsam und trostlos, aber die Melodie, die Stimme, der Rhythmus stützen und beruhigen einander. Zwischen jeder der beiden Strophen gibt es einen Refrain: La lalala lalala la …

Michele breitet seine Arme aus, und hundert Zuhörer fallen in den Refrain ein. Die mittelalterliche Mauer, die hinter ihren Köpfen und Schultern sichtbar ist, verwandelt sich für die Zeit des Refrains in Gold. Dann wird sie wieder Stein.

Einige Anmerkungen über das Lied

Für Yasmine Hamdan

Yasmine, als ich letzte Woche deinen Auftritt sah und hörte, verspürte ich gleich den Wunsch, dich zu zeichnen. Ein absurder Wunsch, denn es war zu dunkel; ich konnte das Skizzenbuch auf meinen Knien kaum erkennen. In manchen Augenblicken kritzelte ich, ohne hinzuschauen und meinen Blick von dir zu lösen.

Diese Krakel zeigen einen Rhythmus – als ob mein Stift deine Stimme begleiten würde. Aber ein Stift ist weder eine Mundharmonika noch eine Fidel, und jetzt in der Stille bedeuten meine Krakel beinahe nichts.

Du trugst rote Schuhe mit Absätzen, enge schwarze Leggins, ein halb durchscheinendes, bräunlich dunkles T-Shirt mit Schulterpolstern und einen orangen Schal, eine Farbe wie Aprikosen. Du wirktest ganz leicht, ohne viel Gewicht, dürr, karg, wie eine ewige Wanderin.

Als du zu singen begannst, änderte sich das. Dein Körper wirkte auf einmal nicht mehr karg, sondern füllte sich wie eine Karaffe bis zum Überlaufen mit Klang.

Du sangst auf Arabisch, in einer Sprache, die ich nicht verstehe, und doch nahm ich jedes Lied nicht als eine bruchstückhafte, sondern als eine in sich geschlossene Erfahrung wahr. Wie kann man das erklären? Dass die Worte eines Liedes nichts bedeuten, ist dummes Zeug; sie sind der Samen, aus dem das Lied wächst.

Mich erreichte jedes deiner Lieder, wie Hunderte andere

Zuhörer auch, von denen nur sehr wenige Arabisch verstanden. Und doch waren wir in der Lage, das, wovon du sangst, mit dir zu teilen. Wie kann man das erklären? Ich bin mir nicht sicher, dass mir das gelingt, aber ich habe einige Anmerkungen dazu.

*

Jedes Lied, das man singt oder spielt, braucht einen Körper. Und es findet ihn, indem es in einen existierenden Körper fährt und ihn sich borgt. Der aufrecht stehende Korpus eines Kontrabasses, der gezupft wird, das Gehäuse einer Mundharmonika, die in einem Paar gewölbter Hände liegt und wie ein Vogel etwas von den Lippen pickt, oder der Körper eines Schlagzeugers beim Trommelwirbel. Wieder und wieder fährt es in den Körper der Sängerin. Und nach einer Weile in den Kreis aus Zuhörern, die, während sie lauschen, das Lied mit Bewegungen begleiten, sich erinnern und etwas vorhersehen.

Im Gegensatz zu den Körpern, die es besetzt, ist ein Lied nicht an Zeit und Raum gebunden. Ein Lied erzählt von einer vergangenen Erfahrung. Gesungen aber füllt es die Gegenwart. Genauso machen es Geschichten. Aber Lieder besitzen eine weitere Dimension, die einzig ihnen gehört. Während ein Lied die Gegenwart erfüllt, hofft es, das Ohr eines Hörers irgendwo in der Zukunft zu erreichen. Es lehnt sich unentwegt nach vorn. Ohne diese beharrliche Hoffnung würden die Lieder, so glaube ich, nicht existieren. Lieder lehnen sich nach vorn.

Das Tempo, der Takt, die Wiederholungen, die Loops eines Liedes bilden einen Schutz vor der linear verlaufenden Zeit: eine Zuflucht, wo Zukunft, Vergangenheit und Gegenwart sich trösten, provozieren, begeistern oder in eine ironische Distanz zueinander rücken können.

Die meisten Lieder, die man heute auf dem ganzen Planeten hört, sind Aufnahmen – und nicht live gesungen. Das bedeutet, dass die körperliche Erfahrung des Zusammenseins und Teilens weniger intensiv ist, aber sie ist weiter da im Herzen des sich ereignenden Austausches und der Kommunikation.

Good mornin', blues,
blues, how do you do?
How do you do?
Good mornin', blues,
blues, how do you do?
Say, I just come here
to have a few words with you.

Bessie Smith

*

Das Lied, das meine Mutter meiner Erinnerung nach am häufigsten sang, ist »Shenandoah«. Sie sang es manchmal, wenn wir Besuch hatten, am Ende des Essens, in einem Moment stiller Fülle. Sie hatte eine sanfte Altstimme, melodisch, aber nie theatralisch. Das Lied, das sich im Liederbuch meines Vaters fand, geht auf die fünfziger Jahre des 19. Jahrhunderts zurück. Das Shenandoah-Tal liegt mitten in den USA und war Siedlungsgebiet der Indianer.

> Oh Shenandoah
> I long to see you,
> away you rolling river.
> Oh Shenandoah
> I long to see you,
> Away, I'm bound away
> 'cross the wide Missouri.

Shenandoah ist der Name eines Indianerhäuptlings wie auch eines Nebenflusses des Missouri, der wiederum in den Mississippi mündet. Das Lied wurde oft von Schwarzen gesungen, denn der Missouri trennte den Süden mit seiner Sklaverei vom Norden. Auch Schiffer und Matrosen sangen es, der Unterlauf des Missouri war damals noch stark befahren.

Meine Mutter sang es, als ich ein oder zwei Jahre alt war. Nicht oft, es war kein Ritual, und ich erinnere mich nicht wirklich, ob sie es mir allein vorgesungen hat. Aber das Lied war da. Ein weiterer geheimnisvoller Gegenstand zwischen all den Dingen im Haus, und seine Gegenwart war mir bewusst – wie ein Hemd im Schrank, das für besondere Gelegenheiten reserviert ist.

> 'Tis seven years
> since last I've seen you
> and hear you rolling river.
>
> 'Tis seven years
> since last I've seen you,
> Away, we're bound away.
> Across the wide Missouri.

In jedem Lied liegt eine Ferne. Nicht, dass das Lied fern wäre, nein, aber die Ferne ist eines seiner Elemente, so wie die Gegenwart fester Bestandteil eines grafischen Bildes. Das ist seit Anbeginn der Bilder und Lieder so.

Alle Lieder handeln vom Reisen.

> I wish I was in Carrickfergus
> only for nights in Ballygran
> I would swim over the deepest ocean –
> The deepest ocean – to be by your side.

Lieder handeln von Nachspiel und Rückkehr, von Willkommen und Abschied. Oder anders ausgedrückt: Werden sie gesungen, wenden sie sich an etwas Abwesendes. Sie sind von der Abwesenheit inspiriert und richten sich an sie. Gleichzeitig (und das Wort gleichzeitig hat hier eine besondere Bedeutung) wird durch das Singen die Abwesenheit mit anderen geteilt und so weniger bedrängend, weniger einsam, weniger stumm. Und diese »Reduzierung« der ursprünglichen Abwesenheit durch das Teilen im Gesang, oder nur schon die Erinnerung daran, verleiht dem Lied als gemeinsame Erfahrung etwas Triumphierendes. Manchmal ist es ein sanfter Triumph, oft ein verborgener, geheimer.

»In den warmen Kokon eines Songs gehüllt«, sagte Johnny Cash, »konnte ich überallhin gehen; ich war unbesiegbar.«

*

Flamencokünstler sprechen oft von »el duende«. »Duende« ist eine Eigenschaft, ein Widerhall, der einen Auftritt unvergleichlich werden lässt. Dies geschieht, wenn ein Künstler oder eine Künstlerin besessen oder überwältigt wird, von einer Kraft oder von einer Reihe von Zwängen, die von außen auf sie oder ihn wirken. Duende ist ein Gespenst aus der Vergangenheit. Duende vergisst nichts, er sucht die Gegenwart heim, um sich an die Zukunft zu richten.

Im Jahr 1933 hielt der spanische Dichter García Lorca in Buenos Aires eine öffentliche Ansprache, die vom Charakter des Duende handelte. Drei Jahre später wurde er zu Beginn des Spanischen Bürgerkriegs in seiner Heimatstadt Granada verhaftet und hingerichtet, vermutlich von der Guardia Civil General Francos.

»Alle Künste«, sagte er in seiner Rede, »taugen dem Duende; aber das weiteste Feld findet er natürlich in der Musik, dem Tanz und der gesprochenen Dichtung: Die nämlich fordern einen lebendigen Leib, der vermittelt, weil sie Formen sind, die unablässig entstehen und vergehen und deren Umrisse sich nur gegen eine genau begrenzte Gegenwärtigkeit abheben ... Duende wirkt auf den Leib der Tänzerinnen wie der Wind auf den Sand. Mit magischer Macht verwandelt er ein junges Mädchen in eine Mondsüchtige; er füllt mit jugendlicher Röte einen verfallenen Greis, der in Tavernen um Almosen bittet; er lässt aus dem Haar einer Frau den Geruch nächtlicher Häfen aufsteigen; und in jedem Augenblick belebt er die Arme mit Bewegungen, die die Mütter des Tanzes aller Zeiten sind.«

Auf meinem Schreibtisch liegt immer viel zu viel Kram und viel zu viel Papier. Vor ein paar Tagen stieß ich unter einem Stapel auf eine Postkarte, die mir ein Freund aus Spanien vor ein paar Monaten geschickt hatte. Es war die Schwarzweißaufnahme einer Flamencotänzerin, eine Fotografie des für seine Porträts von Tänzern berühmten Spaniers Tato Olivas.

In dem Moment, da ich auf das Bild stieß, spürte ich, wie sich etwas in meiner Erinnerung regte, das ich beim ersten Betrachten der Karte nicht bemerkt hatte. Ich wartete. Dann wurde es deutlicher.

Das Foto der jungen Frau, die gerade zu tanzen beginnt, erinnerte mich an eine Zeichnung, die ich von einer Iris gemacht hatte. Eine bestimmte aus einer vor ein paar Jahren entstandenen Serie. Ich fand die Zeichnung wieder und verglich die beiden Bilder.

In der Tat, da war etwas Gemeinsames, eine Ähnlichkeit in der Geometrie des wachsamen Körpers der Tänzerin und der sich öffnenden Blüte. Sie sind natürlich von unterschiedlicher Gestalt, aber die ihnen innewohnende Energie, und wie sie sich in Formen, Gesten und Bewegungen auf der Oberfläche der beiden Bilder ausdrückte, besaß eine Ähnlichkeit.

Ich scannte beide Bilder ein und stellte sie zu einem Diptychon zusammen, das ich mit einem Brief an den Fotografen Tato Olivas schickte.

Er antwortete mir, dass er das Foto vor zwanzig Jahren in der berühmten Madrider Flamencoschule Amor de Deos aufgenommen habe, die nun geschlossen sei. Der Tänzerin wäre er nie mehr wiederbegegnet, und ihr Name sei ihm unbekannt.

Er schrieb weiter, dass das »Zusammentreffen« der beiden Bilder ihn an ein anderes seiner Fotos erinnert hätte, das meiner Iris-Zeichnung noch näher käme. Ein Bild der legendären Tänzerin Sara Baros als junger Frau. Er schickte mir einen Abzug. Ich wollte meinen Augen nicht trauen.

Die Tänzerin und die Blume waren wie Zwillinge, außer, dass die eine eine junge Frau, die andere eine Pflanze war. Man nimmt sofort an, dass sich entweder der Fotograf oder der Zeichner die mühsame Aufgabe gestellt hatten, dem anderen Bild zu »entsprechen«. Doch das war nicht der Fall. Die beiden Bilder waren bis zu diesem Zeitpunkt noch nie nebeneinandergelegt worden.

Die Ähnlichkeit zwischen den beiden ist angeboren – als wäre sie genetisch bedingt (was im gewöhnlichen Wortsinn natürlich nicht der Fall sein kann). Die Energie der Flamencotänzerin und die der sich öffnenden Blüte scheinen der gleichen dynamischen Formel zu gehorchen, sie scheinen von dem gleichen Impuls getrieben, wenn auch in einem unterschiedlichen Zeitrahmen. Vom Rhythmus her betrachtet, begleiten sie einander; im Hinblick auf die Evolution sind sie Jahrmillionen voneinander getrennt.

»… mit Bewegungen, die die Mütter des Tanzes aller Zeiten sind.«

*

Eine Verkündigung, die Antonello da Messina um 1470 malte. Es ist ein kleines Ölbild, nicht größer als der Spiegel über einem bescheidenen Waschbecken. Auf ihm gibt es keine Engel, keinen Gabriel, keine Olivenzweige, keine Lilien, keine Tauben. Wir sehen die Jungfrau von nahem, ihren Kopf und ihre Schultern, in einer blauen Robe mit Schleier. Auf dem Sims vor ihr liegt aufgeschlagen ein Psalter oder Gebetbuch.

Sie hat eben erst die Botschaft vernommen, dass sie Gottes Sohn zur Welt bringen wird. Ihre Augen sind weit geöffnet, aber sie schaut nach innen. Ebenso sind ihre Lippen geöffnet – sie könnte auch singen. Ihre beiden Hände hält sie leicht, aber suchend gegen ihre Brust gedrückt. Es ist, als wollte sie etwas berühren, mit den Fingern ihr Inneres betasten, das gerade ein Signal vernommen hat.

Wir haben beobachtet, wie sich das Lied physisch existierende Körper borgt, um im Augenblick des Singens einen eigenen Leib zu besitzen. Der geborgte Körper mag der eines Instruments sein, eines einzelnen Musikers, einer Band oder einer Gruppe von Zuhörern. Und das Lied gleitet unvorhersehbar von einem geborgten Körper zum nächsten. An was uns Antonellos Gemälde erinnern kann, ist, dass sich ein Lied in jedem Fall im *Innern* des geborgten Körpers niederlässt. Es findet seinen Platz zwischen den Eingeweiden. Im Fell einer Trommel, im Bauch einer Geige, im Torso oder in den Lenden eines Sängers oder Zuhörers.

Das Wesen eines Liedes ist weder von der Stimme noch von den Gedanken allein bestimmt, es ist organisch. Wir folgen dem Lied, um von ihm umschlossen zu werden. Und deshalb unterscheidet sich das, was es uns bietet, von jeder anderen Form der Botschaft oder des Austauschs. Wir selbst sind

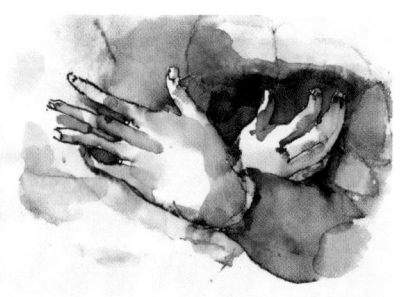

im Innern einer Botschaft. Die nicht im Lied angesprochene unpersönliche Welt bleibt außen vor, auf der anderen Seite der Plazenta. Alle Lieder, und seien ihr Inhalt und ihr Vortrag noch so männlich, sind mütterlich.

Dies ist eine Zeichnung, die ich von den Händen auf dem Gemälde von Antonello da Messina gemacht habe.

Lieder verbinden, versammeln, bringen zueinander. Sogar wenn sie stumm bleiben, sind sie Treffpunkte in Erwartung.

Die Worte von Liedern unterscheiden sich von Worten der Prosa. In der Prosa sind es unabhängige Agenten; in Liedern sind sie zuerst und zunächst die vertrauten Klänge einer Muttersprache. Sie meinen, was sie bezeichnen, doch gleichzeitig verweisen sie auf alle Worte, die in dieser Sprache existieren, und fließen diesen zu.

Lieder sind wie Flüsse, jedes folgt seinem eigenen Lauf – doch alle strömen dem Meer entgegen, aus dem alles stammt.

Das Wasser, das durch die Mündung, den »Mund« eines Flusses, strömt, ist auf dem Weg zu einem unerschöpflichen Anderswo. Und etwas Ähnliches geschieht mit dem, was aus der Mündung eines Liedes tritt.

Vieles, was in unserem Leben geschieht, bleibt ohne Namen, da unser Vokabular so eingeschränkt ist. Die meisten Geschichten werden laut vorgetragen, weil der Erzähler hofft, damit ein namenloses Ereignis in etwas Vertrautes zu verwandeln.

Wir neigen dazu, Vertrautheit mit Nähe und Nähe mit einer bestimmten Anzahl gemeinsamer Erfahrungen zu assoziieren. Doch jeden Tag können völlig Fremde, die nie auch nur ein einziges Wort miteinander wechseln werden, eine gewisse Vertrautheit miteinander teilen. Eine Intimität, die aus einem Blickwechsel, einem Kopfnicken, einem Lächeln, einem Schulterzucken besteht. Eine Nähe, die einige Minuten lang andauert oder so lange wie ein Lied, das erklingt und das man gemeinsam hört. Eine Haltung zum Leben. Eine Abmachung ohne Paragrafen. Eine gemeinsame Folgerung, die man zwischen den unerzählten Geschichten, die sich an ein Lied haften, spontan miteinander teilt.

*

Acht Uhr abends, Sommer in einer Pariser Metro, unterwegs in einen Vorort. Es gibt keine freien Plätze mehr, doch die Passagiere stehen nicht allzu gedrängt. Eine Gruppe aus vier Männern Mitte zwanzig steht vor den Türen der rechten Seite des Waggons, die, wenn der Zug in diese Richtung fährt, an den Haltebahnhöfen geschlossen bleiben.

Einer von ihnen ist schwarz, zwei weiß, der vierte stammt vielleicht aus dem Maghreb. Ich stehe ziemlich weit von ihnen entfernt. Was mir aber gleich auffällt, ist ihre deutlich sichtbare Zusammengehörigkeit und die Intensität, mit der sie sprechen und erzählen.

Die vier – stark, maskulin – sind lässig, aber absolut makellos gekleidet. Ihr Aussehen, ihre Erscheinung scheint ihnen mehr zu bedeuten als den meisten ihrer Altersgenossen. Alles an ihnen ist wach, nichts an ihnen in sich gekehrt. Der Maghrebiner trägt weite Shorts in Blau und blitzsaubere Nikes. Der Schwarze hat sandelholzfarbene Rastazöpfe. Alle vier wirken sehr kräftig und viril.

Der Zug hält, ein paar Fahrgäste steigen aus. Ich kann etwas näher an das Quartett heranrücken.

Jeder greift heftig in den Vortrag des anderen ein. Es gibt keine Monologe, aber genauso wenig scheint es zu Unterbrechungen zu kommen. Ihre Finger sind ständig in Bewegung und oft dicht vor ihren Gesichtern.

Plötzlich verstehe ich, dass sie stocktaub sind. Ihr Austausch ist so flüssig, dass ich es vorher nicht bemerkt hatte.

Eine Station weiter. Sie finden vier Plätze gleich nebeneinander. Sie verhalten sich weiter, als wären sie allein. Aber die Art, mit der sie entschieden haben, uns andere zu übersehen, ist Ausdruck des Takts und der Höflichkeit, nicht etwa der Gleichgültigkeit.

Von Zeit zu Zeit grunzt einer von ihnen vor Lachen. Ihr Erzählen, ihr Kommentieren geht weiter. Ich beobachte sie nun genauso neugierig wie sie sich untereinander.

Ihr gemeinsames Vokabular aus Gesten und Zeichen besitzt eine eigene Syntax und Grammatik, die größtenteils durch Timing entsteht. Ihre Zeichen werden mit Hand, Mimik und Körper artikuliert, die die Funktionen von Zunge und Ohr übernehmen, der beiden Organe, von denen das eine artikuliert, während das andere empfängt. Überall sonst sind bei einem Gespräch beide gleich wichtig. Doch in dem ganzen Wagen, vielleicht in dem ganzen Zug, findet gerade kein Dialog statt, der mit ihrem zu vergleichen ist.

Jedes Körperteil, das das Quartett einsetzt, um sich zu unterhalten – Auge, Oberlippe, Unterlippe, Zähne, Wange, Augenbraue, Daumen, Finger, Handgelenk, Schulter –, besitzt für sie den Ausdrucksreichtum eines Musikinstruments oder einer Stimme mit ihren ganzen Tönen, Harmonien, Trillern und verschiedenen Graden von Beharren und Zögern.

Doch in meinen Ohren gibt es einzig das Geräusch des fahrenden Zuges, der für den nächsten Halt abbremst. Ein paar Passagiere erheben sich. Ich könnte mich setzen, aber bleibe lieber stehen. Natürlich hat das Quartett meine Gegenwart bemerkt. Einer von ihnen lächelt mir zu, nicht als Gruß, sondern als Einverständnis.

Im Schnittpunkt ihres tausendfachen Hin und Her, dem ich keinen Namen geben kann, auf der Spur ihrer Antworten, habe ich keine Ahnung, auf was sie sich beziehen, ich schaukle in ihrem Rhythmus, werde von ihrer Erwartung nach vorn getragen, habe den Eindruck, von einem Lied umgeben zu sein, das aus ihren Einsamkeiten entstanden ist, ein Lied in einer fremden Sprache. Ein Lied ohne Töne.

> This train is bound for glory, this train,
> This train is bound for glory, and if you ride it,
>   it must be holy.
>
> *Biddleville Quintette, Chicago 1927*

Vor kurzem sah und hörte ich im Fernsehen die dreistündige, im Rahmen einer Pressekonferenz gehaltene und an die Nation gerichtete Ansprache des französischen Präsidenten François Hollande. Seine Rede hatte etwas Algebraisches. Das heißt, sie war logisch und in sich folgerichtig aufgebaut, aber beinahe ohne Bezug auf eine greifbare Realität oder gelebte Erfahrung.

Er hat durchaus Sinn für Humor, er ist intelligent, er vermittelt den Eindruck von Ernsthaftigkeit und als ob er, der als sozialistischer Kandidat gewählt wurde, tatsächlich an die von ihm vorgeschlagene Allianz mit dem Big Business glaubte. Warum nur war seine Rede so leer? Wieso klang sie wie ein Monolog aus lauter Akronymen?

Weil er jeden Sinn für Geschichte vermissen ließ und deshalb über keine größere politische Vision verfügte. Historisch gesehen, lebte er von der Hand in den Mund. Er hat die Hoffnung aufgegeben. Deshalb die Algebra. Hoffnung bringt ein politisches Vokabular hervor. Hoffnungslosigkeit führt zu Wortlosigkeit.

Deshalb ist Hollande für unsere Zeit so charakteristisch. Die meisten offiziellen Verlautbarungen stellen sich taub gegenüber den Erfahrungen und Wünschen der Mehrheit der Menschen, die täglich um ihr Überleben kämpfen.

Die Medien bieten nur triviale und sofort verfügbare Ablenkungen, um das Schweigen zu füllen, das die Leute dazu bringen würde, Fragen zu stellen über die Ungerechtigkeit der Welt, in der sie leben.

Unsere führenden Politiker und Medienkommentatoren reden über das, was wir durchleben, in einem Kauderwelsch, und nicht in dem Kauder der Welschen, sondern in dem der Hochfinanz.

Es ist schwer, unser sich rasch veränderndes Lebensgefühl, unsere Lebenserfahrung in *Prosa* auszudrücken. In einer Rede hängt Prosa von einem Mindestmaß etablierter Bedeutungskontinuität ab; Prosa ist ein Austausch mit einem sie umgebenden Kreis aus verschiedenen Positionen und Meinungen, die sich einer gemeinsamen deskriptiven Sprache bedienen. Eine solche gemeinsame Sprache existiert nicht mehr in öffentlichen Ansprachen. Ein vorläufiger, aber historischer Verlust.

Im Gegensatz dazu können Lieder die Erfahrung von Sein und Werden in einem bestimmten historischen Moment von innen her fassen – und das sogar, wenn es sich um alte Lieder handelt. Warum? Weil Lieder unabhängig, in sich geschlossen sind und ihre Arme um die historische Zeit legen.

> Takes a worried man to sing a worried song
> Takes a worried man to sing a worried song
> Takes a worried man to sing a worried song
> I'm worried nowww
> But I wont be worried long.
> *Woody Guthrie*

Lieder legen ihre Arme um die historische Zeit, ohne utopisch zu werden.

Die Zwangskollektivierung des Landes und die darauf folgende Hungersnot in der Sowjetunion, später der Gulag mit seiner um sich greifenden Enzyklopädie der Doppelzüngigkeit – das alles wurde im Namen einer Utopie in Gang gesetzt, schonungslos weiterverfolgt und gerechtfertigt, einer Utopie, in der bald der neue, noch nie dagewesene Sowjetmensch leben würde.

Die sich heute immer weiter verbreitende globale Armut der Menschheit und die fortgesetzte Plünderung des Planeten wurden ebenfalls im Namen einer Utopie in Gang gesetzt und gerechtfertigt, die diesmal von den Mächten des deregulierten freien Marktes versprochen wurde – eine Utopie in der, mit den Worten Milton Friedmans, »jeder Mensch selbst über die Farbe seine Krawatte abstimmen kann«.

In jeder utopischen Vision ist Glück das obligatorische Ziel. Das bedeutet aber, dass das Glück in der Wirklichkeit unerreichbar ist. Innerhalb dieser Logik des Utopischen wird Mitleid zur Schwäche. Utopien verachten die Gegenwart. Sie ersetzen die Hoffnung durch Dogmen. Dogmen werden in Stein gemeißelt; Hoffnung hingegen flackert wie die Flamme einer Kerze.

*

Beides, Kerzen und Lieder, begleiten oft ein Gebet. Und ein Gebet hat in den meisten, wenn nicht in allen Religionen zwei Gesichter. Es kann endlos Glaubenssätze wiederholen, oder es kann eine Hoffnung ausdrücken. Um was immer es ihm geht, hängt nicht notwendigerweise von dem Ort und den Umständen ab, unter denen das Gebet gesprochen wird, sondern von den Geschichten der Betenden.

San Andrés Sakam'chen de los Pobres, eine Kleinstadt in der Provinz Chiapas im Süden Mexikos. Hier gibt es eine kleine Kirche. Aus ihr dringt leiser Gesang. Im Innern ist kein Priester. Die vier Sänger stehen. Zwei Männer und zwei junge Frauen. Alles Indigene, Indianer.

Die Männer stehen weit abgerückt von den Frauen, sie alle singen polyphone Harmonien. Die beiden Frauen tragen ihre Babys auf dem Rücken.

In einer Seitenkapelle steht eine lebensgroße in Holz geschnitzte Statue des heiligen Apostels Andrés. Er trägt einen Umhang und Kniehosen, aber beides ist nicht geschnitzt, sondern aus richtigem Stoff. Auf der Erde hinter dem Altar stehen beinahe tausend Kerzen, viele in kleinen Gläsern. Eine Seitentür hinter dem Altar steht einen Spalt offen, im Luftzug flackern die Kerzenflammen und neigen sich leicht zur Seite. Der Rhythmus der Stimmen und der Rhythmus der flackernden Flammen.

Nach einer Weile schreit eines der Babys und will gestillt werden. Der Gesang bricht ab, und die Mutter gibt dem Kleinen die Brust. Die zweite Frau, deren Baby noch schläft, greift nach der Einkaufstüte zu ihren Füßen, nimmt eine Tunika heraus, breitet sie aus und geht damit zur Statue des Heiligen. Dort wechselt sie den mitgebrachten Umhang gegen den getragenen. Wie sie es sich gedacht hat, muss der alte gewaschen werden.

Die tausend Kerzenflammen flackern nur wenige Zentimeter über dem Boden im Wind.

*

Ich denke an das bemerkenswerte Gedicht von Moya Cannon:

> Es waren immer die mit wenig auf den Schultern
> die die Lieder trugen
> nach Babylon
> zum Mississippi –
> die zuletzt weniger als nichts besaßen
> nicht einmal mehr den eigenen Leib
> doch drei Jahrhunderte später
> tragen sie die tiefen Rhythmen Afrikas
> in ihren Herzen, ihren Knochen
> tragen sie die Lieder der ganzen Welt.
>
> Für die aus meinem Land Geflohenen
> die Mädchen aus Downings und Ross
> die den Heringskuttern in den Norden auf die
>   Shetlands folgten
> und dabei dem Meer das Silber entrissen
> oder die Jungs aus Ranafast, die nach Derry
>   einschifften

ein Tau auf dem Zwischendeck ihr Bett
Lieder waren die Währung ihrer Seele
das Edelmetall ihres Herzens

das sie gegen anderes Gold tauschten
andere Lieder, die wahr und hell klangen
wenn man sie auf die Dielen
ihrer Tage warf.

Moya Cannon, Carrying The Songs

Die Art, wie Sänger mit der Linearität der Zeit spielen und ihr trotzen, hat etwas davon, wie Akrobaten und Jongleure mit der Schwerkraft umgehen. Vor kurzem sah ich in einer Stadt in Frankreich eine Familie von Artisten, die an einer Straßenecke in der Nähe eines Supermarktes auftraten. Der Vater, drei Jungs und ein Mädchen. Dazu noch ein Hund, ein Scotchterricr. Der Hund, so fand ich später heraus, hieß Nella und der Vater Massimo. Alle Kinder waren schlank und hatten dunkle Augen. Massimo war stark gebaut und wirkte imposant.

Der älteste Junge, der wichtigste Jongleur und Fänger, war vermutlich siebzehn, vielleicht etwas älter (es war schwer, ihr Alter zu schätzen, denn auf sie schien die Vorstellung von Kindheit nicht zu passen).

Das kleine Mädchen, vielleicht sechs oder sieben Jahre alt, kletterte an ihm hoch, als wäre er ein Baum, der sich dann in die Balken eines Dachs verwandelte, auf das sie sich setzte. Der Vater stand ein gutes Stück weit hinter ihnen, er beobachtete sie mit Argusaugen und spielte dabei Gitarre, der Verstärker mit all dem Musikzeug zu seinen Füßen auf dem Pflaster. Die Dachbalken wurden zu einem Aufzug, der Ariana, das Mädchen, sanft auf dem Boden absetzte. Der Junge ließ sich wie ein Lift hinab, langsam, ganz langsam, und das

Mädchen trat im Rhythmus der Gitarre des Vaters auf dem Pflaster nach hinten.

Jetzt kam der Moment, da David (zehn oder elf Jahre alt?) seine Nummer vorführte. Nun, kurz vor Mittag, hatten die Leute zu tun, und es gab nur ein halbes Dutzend Zuschauer. David stieg auf sein Einrad, fuhr die Straße hinunter, drehte sich und kam sichtbar unangestrengt zurück, als müsste er so seine Glaubwürdigkeit unterstreichen.

Dann kam er beim Bürgersteig zum Stehen, wo ein Lederball von der Größe eines Riesenkürbisses lag, er streifte die Schuhe ab und stellte sich auf den Ball. Er presste mit Fersen und Sohlen, die die Krümmung des Balls annahmen, und brachte ihn so langsam dazu, vorwärts zu rollen – so kamen beide voran. Die Arme hielt er angelegt. Nichts an seinem Tun verriet die Schwierigkeit, auf dem rollenden Ball die Balance zu halten.

Aufrecht, das Kinn nach vorn gereckt, schaute er in die Ferne wie eine Statue auf dem Sockel. Der Ball und er bewegten sich mit der Geschwindigkeit einer langsamen Schildkröte triumphierend vorwärts. Und genau in dem Augenblick stimmt er, von seinem Vater auf der Mundharmonika begleitet, ein Lied an. David trägt ein winziges, mit Klebeband befestigtes Mikrofon an der linken Wange.

Das Lied stammt aus Sardinien. Er singt es mit unerschütterlich glattem Tenor. Mit der Stimme eines einsamen Hirten, nicht mit der eines Jungen. Die Worte beschreiben, wie es ist, wenn ein Unheil auf einem lastet – eine Geschichte, so alt wie die Berge selbst.

Triumph und Unheil.

Unheil und Triumph, in einem Akt zusammengebracht, von dem du beim Zuschauen hoffst, dass er nie aufhören wird. Picasso hat im Jahr 1900 das Gleiche gemalt.

Unheil und Triumph. Ich habe versucht, zu erklären, warum sich Lieder heute auf so unvergleichliche Weise an die Erfahrung eines jeden richten – auf der ganzen Welt. Und deshalb, Yasmine, können wir das, wovon du singst, mit dir teilen.

In der Rechten hältst du das Mikrofon, als könnte es von einem Strom davongetragen werden. Als deine Stimme eine gewisse Tonlage erreicht, machst du mit der Linken eine bestimmte Geste. Du zeigst senkrecht auf den Boden, wo sich neben deinen roten Schuhen die Kabel kringeln. Der Daumen der linken Hand zeigt senkrecht hinunter und berührt die Spitze, nicht des Zeige-, sondern des Mittelfingers. Dein Zeigefinger ist gekrümmt und zeigt aufwärts, um die Wurzel des Daumenballens zu berühren. Seine Spitze können wir nicht sehen. Und diese Geste, während die Stimme fällt und du von Samars Nächten singst, zeigt, dass sich die Schnauze des Lieds in deinen Handteller schmiegt.

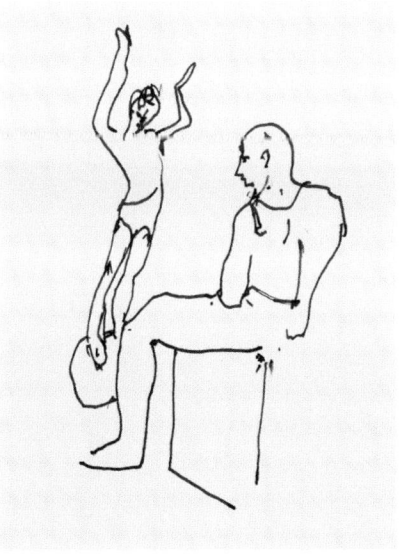

Wir Zuschauer beginnen in deinem Rhythmus zu klatschen, wir erzeugen eine Energie und schärfen jenes gemeinsame Gespür, das nötig ist, um irgendwohin zu streben.

Und plötzlich, wie wir es nur zu hoffen gewagt hatten, kommt dieses Irgendwo durch dich hier auf uns zu.

Silberstücke

Vor ein paar Tagen stand ich vor einem zwei mal zwei Meter messenden Gemälde des Paradieses. Und nach einem Moment des Innehaltens, des Luftholens, trat ich ein.

Lass mich dir erzählen, wie es dazu kam. Ich zog los, um das Atelier eines befreundeten Malers zu besuchen. Wir kennen einander seit ungefähr dreißig Jahren. Von der Herkunft her ist er Tscheche. Sein Name ist Rostia. Er lebt in einem Pariser Vorort voller Apartmentblocks. Wohnung wie Atelier befinden sich in einem der Kommune gehörenden Bau. Seine Miete ist gering. Das Atelier misst dreißig Quadratmeter, ist ungefähr sechs Meter hoch und hat ein Dachfenster. Er und seine Frau leben auf einer Galerie über der Fläche des Ateliers.

Ich wollte seine letzten Bilder sehen. Sein Atelier war wie ein Bunker voller beschmutzter Leinwand. An allen vier Wänden lehnten Leinwände und riesige bekleckste dicke Papierbögen, immer mit dem Gesicht zur Wand. Auch der Boden war von mit der Bildseite nach unten liegenden Gemälden bedeckt. Sich umzusehen kam nicht infrage. Ich setzte mich gleich neben der Tür auf einen Stuhl.

Rostia lief barfuß über die zusammengeklebten, verknitterten Papierbögen auf dem Boden und suchte nach etwas, das er mir zeigen wollte. Er grub ein Gemälde auf Papier aus, höher als er und breiter als seine ausgestreckten Arme, er klammerte es mit einer Heftmaschine, die ich ihm von unter dem Stuhl reichen sollte, auf die Rückseite einer erst vorgezeichneten, an der Wand lehnenden Leinwand. Das Bild gehörte zu einer Serie, an der er die letzten zehn Jahre über gearbeitet hatte. Ich schaute.

Um sich die Perspektive vorzustellen, die diese Bilder zeigen, muss man sich in einen Hubschrauber denken, der im Tiefflug über eine Vorstadt, eine Favela oder ein Viertel mit vier- oder sechsstöckigen Gebäuden schwebt, ein Gebiet, das sich über einige Kilometer erstreckt, die Straßenzüge sind manchmal gerade und regelmäßig, dann rätselhaft verschlungen, mit brachliegenden Grundstücken und unfertigen Bauplätzen. Rostia malt aus der Vogelsicht.

Ich könnte dir die Reproduktion eines dieser Bilder zeigen, aber heute in unserer Zeit funktionieren Reproduktionen nicht mehr; was sie zeigen, wird zu einer Beilage, zu einer bunten Kundenbroschüre voller Angebote.

Zwischen den rechteckigen Apartmentblocks mit ihren sich wiederholenden quadratischen Fenstern finden sich die Buchstaben des Alphabets. Sie ergeben keine Worte; es sind Akronyme unbekannter Mächte. Einige finden sich am Boden, andere am Firmament.

Man darf das nicht falsch verstehen, diese Bilder sind nicht unheimlich; sie bersten von tausend Leben und tausend Einsamkeiten. Wir erkennen uns in ihnen wieder.

Rostia läuft über die am Boden liegenden Bilder und sucht ein anderes, das er mir zeigen will. Er klammert es an die Rückseite einer begonnenen Arbeit, die unter dem Balkon an der Wand lehnt.

Auf diesem Bild ist ein zugeschlagenes Buch zu sehen, so groß wie das Grundstück von einem Dutzend Blocks, und das Buch schwebt, silbrig und licht wie eine Wolke, über der Favela. Ich denke daran, wie Tom Waits singt:

Everybody's talking at the same time
Well it's hard times for some
For others it's sweet
Someone makes money if there's blood in the street
Everybody's talking at the same time.

Die Seiten in dem Buch sind Seiten aus den Leben darunter.

Rostia findet nun die Leinwand mit einem Entwurf, der in Nahsicht Kopf und Schultern eines Heranwachsenden in einem Hubschrauber zeigt, die Vogelschau um und hinter ihm hat etwas von einem Netz oder einer Internetseite.

Ein endloses Facebook, aber kein Horizont.

Ich muss dir etwas über die Farben verraten. Sie sind schattig; Schwarz-, Grün-, Sepiatöne herrschen vor, doch oft glänzen sie silbrig auf – wie Antworten auf hellere Lichtblicke aus anderen Farben. Diese Lichtblicke ähneln dem, was du von der Straße aus plötzlich erhaschst: ein Splitter blauer Himmel, Topfpflanzen, in sorgfältigen Reihen auf winzigen Balkonen, auf die wiederum Apartmentfenster zeigen, in einem Schaufenster eine hell leuchtende Auslage mit Daunenjacken.

Die Farben in den Gemälden murmeln, flüstern und pfeifen.

Auf einem Gemälde spielen die Tasten eines Akkordeons mit den Straßen und Gassen da unten. Auf einem anderen winken die silbrigen Widerspiegelungen einer Karaffe und einige Trinkgläser durch ein niedriges Wohnungsfenster. Sag niemals stirb!

Er benutzt Ölfarben, Collagen, Tinte, Sprühdosen. Er hat die Werkzeugkiste eines Graffitimalers und das Auge eines Meisters.

Rostia entwirrt ein Dutzend weiterer Bilder. In den neusten finden sich wieder die Nahaufnahmen der Gesichter, die sich darüber wundern, wie unerheblich es ist, wo und wie sie sich hier unten durchschlagen.

Das hier ist nicht fertig, insistiert Rostia, obwohl ich schon jahrelang daran arbeite.

Nun möchte er mir ein kleineres Format mit intensiveren Farben zeigen, das er beendet hat. Zwanzig solcher Bilder hängen in einer Ecke des Ateliers übereinander – wie Handtücher auf einem Halter. Ich bin mir sicher, dass Rostia einer der großen Maler unserer Gegenwart ist, aber es ist mir nie gelungen, einen Kurator oder einen Galeristen auch nur dazu zu bringen, sich seine Arbeiten anzuschauen. Sein Nachname?, fragst du. Kunovsky.

Ich wollte dir das allerbeste und das allergrößte zeigen, sagt Rostia, lass es uns aus dem Atelier tragen. Ich glaube, es ist fertig, sagt er.

Er holt das Bild aus seinem Versteck. Es ist eine vier Quadratmeter große aufgespannte Leinwand, und wir gehen durch einen kurzen Flur, der von ein paar geschlossenen Türen gesäumt ist. Er lehnt die Leinwand gegen die Türen.

Die Perspektive ist genau die gleiche wie auf den anderen Bildern. Die belanglose Vorstadt da unten, auf dem Regal des Himmels stehen ein paar Bücher. Eines der Bücher ist aufgeschlagen. Hier gibt es keine kryptischen Akronyme, stattdessen finden sich hoch am Firmament die Blätter, Zweige und Früchte eines Baums.

Der Hubschrauber ist zu einem Engel geworden. Silbrige Atemblasen funkeln vor Hoffnung und treiben durch die Luft. Wo es vorher grau war, trösten nun Farben. Jedes quadratische Fenster in dem Block dort unten wurde in eine Seele verwandelt.

Sprachlos stand ich eine lange Zeit davor, dann betrat ich es.

So ist Kunst.

Wie man einem Zustand
der Vergesslichkeit widersteht

In der letzten Woche wurde Picassos Gemälde *Les femmes d'Alger*, das 1955 (also vor sechzig Jahren) entstanden ist, bei Christie's in New York für 180 Millionen Dollar versteigert. Picassos Entschluss, es zu malen, war zum Teil von dem Wunsch inspiriert, seiner Unterstützung für den gerade ein Jahr lang andauernden Kampf des algerischen Volkes gegen die französische Kolonialmacht Ausdruck zu verleihen.

Heute, vierzig Tage nach Ostern, ist Christi Himmelfahrt – der Tag, an dem nach den Evangelien Christus zum Firmament aufgestiegen ist und nach Zeugnis seiner Jünger in den Himmel aufgenommen wurde. Auf der Erde waren sie nun auf sich gestellt.

In den letzten Wochen habe ich gezeichnet, meist Blumen, getrieben von einer Neugier, die weder etwas mit Botanik noch mit Ästhetik zu tun hat. Ich fragte mich, ob man die Formen in der Natur – ein Baum, eine Wolke, ein Fluss, ein Stein, eine Blume – als Botschaften betrachten oder wahrnehmen kann. Botschaften, die selbstredenderweise nicht in Worten abgefasst werden können und sich nicht speziell an uns richten. Ist es möglich, die Erscheinungen der Natur als Texte zu »lesen«?

Diese Übung hat für mich nichts Mystisches. Es ist eine gestische Übung, die darauf abzielt, auf verschiedene Rhythmen und Formen von Energie zu reagieren, die ich mir gern als *Texte* vorstelle, abgefasst in einer Sprache, die zu entziffern uns nicht gegeben ist. Aber indem ich dem Text auf dem Papier nachfahre, identifiziere ich mich körperlich mit dem Gegenstand, den ich zeichne, und mit der unbegrenzten, unbekannten Muttersprache, in der er geschrieben steht.

Campion text

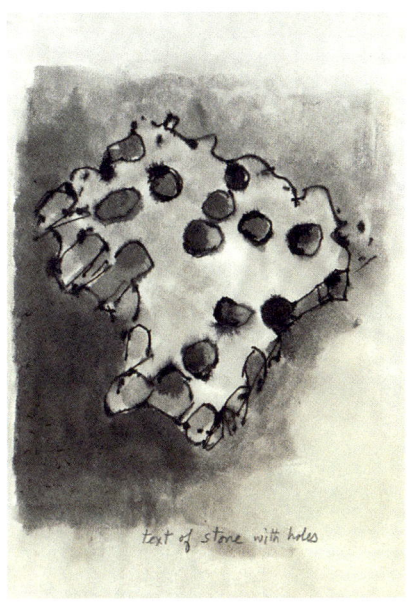

text of stone with holes

In der totalitären globalen Weltordnung des spekulieren-
den Finanzkapitalismus, unter der wir leben, bombardieren
uns die Medien unentwegt mit Informationen, die meistens
eine absichtliche Ablenkung und geplante Zerstreuung unserer Aufmerksamkeit von dem bedeuten, was dringlich und
wichtig ist.

Viele dieser Informationen behandeln etwas, was früher
einmal Politik hieß, aber diese wurde von der globalen Dikta-
tur des Finanzkapitalismus mit seinen Händlern und Ban-
kenlobbyisten verdrängt.

Die Politiker, ob links oder rechts, debattieren weiter, stimmen ab und beschließen Resolutionen, als sei nichts gesche-
hen. Das führt dazu, dass sich ihr Diskurs auf gar nichts mehr
bezieht und ohne Konsequenzen bleibt. Die Worte und Begriffe, die die Politiker wieder und wieder benutzen – etwa

Terrorismus, Demokratie, Flexibilität –, sind aller Bedeutung entblößt. Überall auf der Welt folgt die Politik ihren mechanisch plappernden Mündern, als ob sie in der Schule einer unergründlichen Lektion im Fach Rhetorik beiwohnte! So ein Mist!

Ein anderes Kapitel der Informationen, mit denen wir bombardiert werden, stellt das Spektakuläre in den Mittelpunkt, den Schock, die Gewalt, wo immer auf der Welt sie sich auch ereignet. Raubüberfälle, Erdbeben, Schiffsunglücke, Aufstände, Massaker. Einmal vorgezeigt, wird ein Spektakel durch das nächste ersetzt, ohne Zusammenhang und in betäubender Folge. Es geht um den Schock, nicht um die Geschichte. Es sind Mahnungen an die Unvorhersehbarkeit von allem, was eintreten kann. Sie demonstrieren die Risikofaktoren des Lebens selbst.

Hinzu kommt der Sprachgebrauch, mit dem die Medien die Welt beschreiben und darstellen. Dieser ist kaum noch vom Jargon oder der Logik der Management-Experten zu unterscheiden. Alles wird *quantifiziert*, der Bezug auf Substanz und Qualität ist rar. Man spricht von Prozenten, sich verschiebenden Umfragewerten, Arbeitslosenzahlen, Wachstumsraten, Schuldenbergen, dem geschätzten Ausstoß an Kohlendioxid und so weiter, und so weiter. Es ist eine Stimme, die mit Ziffern vertraut ist, aber nicht mit dem Leben oder dem leidenden Körper. Sie spricht weder von Reue noch von Hoffnung.

Und so fördert das, was in der Öffentlichkeit gesagt und wie es verlautbart wird, eine Art bürgerliche oder historische Amnesie. Die Erfahrung wird ausradiert. Die Zeithorizonte von Vergangenheit und Zukunft werden verwischt. Wir werden daran gewöhnt, in einer endlosen und unsicheren Gegenwart zu leben, und sind alle darauf reduziert, zu Bewohnern eines Zustands der Vergesslichkeit zu werden.

Unterdessen erwärmt sich die Erde um uns her immer mehr. Der Reichtum auf der Welt häuft sich in immer weniger Händen, während die Mehrheit unterernährt ist, mit Junk-

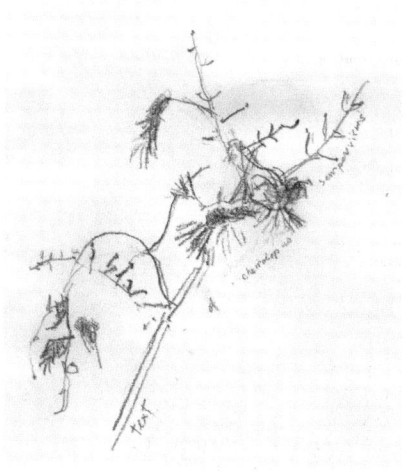

food abgespeist wird oder schlichtweg verhungert. In wachsender Zahl sind Millionen Menschen gezwungen auszuwandern, und nur mit geringsten Aussichten auf ein Überleben. Die Arbeitsbedingungen werden immer unmenschlicher.

Die, die im Moment bereit sind, dagegen zu protestieren und sich gegen das zu stellen, was gerade geschieht, sind Legion, aber die politischen Mittel zum Protest sind im Moment unklar, oder sie fehlen. Es braucht Zeit, damit sie sich entwickeln können. Uns bleibt nur, zu warten. Aber wie kann man unter diesen Umständen warten? Wie harrt man in diesem Zustand der Vergesslichkeit aus?

Erinnern wir uns daran, dass die Zeit, wie Einstein und andere Physiker aufgezeigt haben, nicht linear, sondern kreisförmig verläuft. Unser Leben besteht nicht aus Punkten auf einer Geraden – auf einer Linie, die heute von der unersättlichen, nie dagewesenen Gier des globalen Finanzkapitalismus gekappt ist. Wir sind keine Punkte auf einer Geraden, wir sind Mittelpunkte von Kreisen.

Diese Kreise umgeben uns mit Testamenten, die unsere Vorfahren seit der Steinzeit an uns richten, mit Texten, die

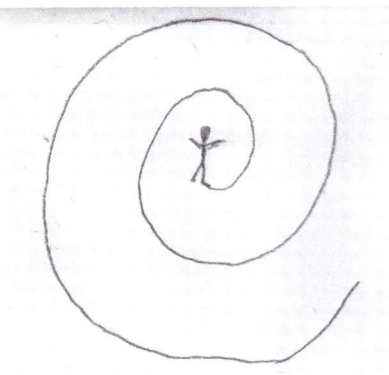

nicht direkt an uns adressiert sind, zu deren Zeugen wir aber werden; Texte aus der Natur, aus dem All, Texte, die uns daran erinnern, dass neben Chaos auch Symmetrie existiert, dass Erfindungsreichtum Fatalismus überwindet, dass das, was wir ersehnen, uns mehr Zuversicht gibt als das, was man uns verspricht.

Unterstützt von allem, was wir von der Vergangenheit geerbt haben, und von dem, was wir um uns sehen, werden wir den Mut zum Widerstand haben und werden weiter den un-

clematis Text

vorstellbaren Umständen trotzen. Wir werden lernen, solidarisch zu warten.

Genauso wie wir endlos weiter Lob, Flüche und Verwünschungen ausstoßen werden – in jeder Sprache, die wir kennen.

Die roten *tenda* von Bologna

Für Giuseppe

Ich sollte vorausschicken, wie sehr ich ihn liebte, auf welche Art und Weise, bis zu welchem Grad und mit welchem Unverstand.

Edgar war der älteste Bruder meines Vaters, in den Achtzigern des 19. Jahrhunderts geboren, gerade hatte man Königin Victoria als Kaiserin von Indien ausgerufen. Als er zum ersten Mal bei uns wohnte, war er Mitte fünfzig und ich zehn. Und doch dachte ich, er sei ohne Alter. Nicht, dass er sich nicht veränderte, auch war er sicherlich nicht unsterblich, aber er schien alterslos, denn er war in keiner Zeit verankert, weder in der Vergangenheit noch in der Zukunft.

Und so liebte ich ihn als Kind wie einen Gleichaltrigen. Genau so. Gemäß den Maßstäben, nach denen ich erzogen wurde, war er ein Versager. Er war knapp bei Kasse, ohne Frau, ohne Ehrgeiz und dazu wenig einnehmend. Er führte eine ziemlich bescheidene Arbeitsvermittlung in South Croydon.

Seine größte Leidenschaft war das Verfassen (und das Erhalten) von Korrespondenz. Er schrieb an Brieffreunde, entfernte Verwandte, Fremde, Menschen, denen er auf seinen Reisen begegnet war. Auf seiner Kommode lag immer ein Bogen

Briefmarken bereit. Es faszinierte mich, was er über die Welt wusste oder mutmaßte. Und als Jugendlicher liebte ich seine so andere Sicht der Dinge, seine schäbige und dabei majestätische Unnachgiebigkeit. Wir haben uns selten berührt oder umarmt, am nahsten kamen wir uns beim Austauschen von Geschenken. Drei Jahrzehnte lang entsprachen unsere Geschenke stillschweigend dem gleichen ungeschriebenen Gesetz: Jedes Geschenk musste ausgefallen und klein sein und ein Verlangen ansprechen, von dem man wusste, dass es im anderen existierte.

Hier eine zufällige Liste einiger unserer Geschenke:
– ein Brieföffner
– eine Packung bretonische Galettes
– eine Landkarte von Island
– eine Motorradbrille
– eine Taschenbuchausgabe der *Ethik* von Spinoza
– eineinhalb Dutzend Austern aus Whitstable
– eine Biografie von Dickens
– eine Streichholzschachtel voll ägyptischem Sand
– eine Flasche Tequila, der Schnaps aus der Wüste Mexikos
– und (als er im Krankenhaus auf dem Sterbebett lag) eine prächtige breite Seidenkrawatte, die ich ihm um den Kragen seines gestreiften Flanellschlafanzugs band; dabei lachte ich, um nicht zu weinen. Auch er wusste, warum ich lachte.

Ich liebte ihn auch für seinen Gleichmut. Er glaubte prinzipiell und höchst allgemein, dass das Beste erst noch kommt. Eine Überzeugung, die man im 20. Jahrhundert nur schwer bewahren konnte, ohne die Augen zu verschließen. Und überall, wohin er ging, trug er drei verschiedene Brillen mit sich – je mit einer anderen Sehstärke. Er untersuchte alles und jedes. Er starb 1972.

War er der nachgiebigste Mensch, den ich je kennenlernte, oder der unabhängigste und beharrlichste? Vielleicht beides. Er war nie dort, wo man ihn vermutete.

Er war ein Anhänger der Gedächtnisübungen von Pelman, von Esperanto und ein Pazifist. Meist war er auf einem nüchternen, hohen Fahrrad mit Gepäckträger unterwegs, auf den er die Bücher geschnallt hatte, die er entweder nach Hause transportierte oder in die Bibliothek von East Croydon zurückbrachte. Von dieser Leihbücherei besaß er drei verschiedene Leseausweise, damit er immer mindestens ein Dutzend Bücher zu Hause haben konnte.

Bevor er aufs Rad stieg, befestigte er ein Paar Hosenklammern an seinen Beinen, die den Stoff knapp über den Knöcheln rafften. Das gab ihm ein leicht indisches Aussehen, obwohl seine Haut eher blass war und für einen Mann besonders zart – die Farbe erinnerte an das, was die Franzosen *le pain au lait* nennen. Er besaß keinen Führerschein, obwohl er mit dreißig im Ersten Weltkrieg zwei Jahre lang an der Westfront Krankenwagen gefahren hatte.

Wann immer ich neben ihm stand – im übertragenen wie im direkten Sinn –, fühlte ich mich ruhig und sicher. Die Zeit wird's zeigen, sagte er immer, und er sagte es in einem Ton, dass ich annahm, die Zeit werde uns letztendlich das zeigen, was wir gerne sehen wollten.

Neben dem Briefeschreiben war Reisen seine zweite Leidenschaft. Zu jener Zeit gingen schon viele auf Reisen, aber Tourismus als solchen gab es noch nicht. Ob vermögend oder nicht, jeder plante seine Reise selbst. Mein Onkel war ein hartnäckiger, aber bescheidener Reisender, der glaubte, dass Unterwegssein bildet. Unter den vielen Biografien, die er meiner Erinnerung nach las, war auch eine über Thomas Cook, der das erste Reiseunternehmen gründete. Eine andere erzählte das Leben von Berlioz, dessen Musik gemäß meinem Onkel die Reisemusik *par excellence* war. *Bien sûr.* Wenn er französische oder – seltener – italienische Redewendungen benutzte, lächelte er mit einer Art Stolz.

Nach dem frühen Abendmahl in unserem Esszimmer ging er immer in seine winzige Schlafkammer nach oben, um oft bis in die frühen Morgenstunden hinein zu lesen. Der Raum war kaum doppelt so groß wie ein Schlafwagenabteil. In ihm befanden sich ein Radio und eine Schreibmaschine, an der er mit zwei Fingern seine Briefe tippte und seine Gedanken festhielt. Als Knabe und noch als Jugendlicher ging ich abends meistens nach oben, um ihm gute Nacht zu wünschen, und hatte dann oft den Eindruck, als wären wir zu dritt in dem Raum mit dem hohen Lehnstuhl (wenn wir ins Diskutieren gerieten, setzte ich mich immer aufs Bett). Die dritte

Person war entweder der Schriftsteller, dessen Werk er gerade las, oder einer seiner Lieblingscharaktere aus dessen Buch. Und genau in diesem beengten Zimmer lernte ich, wie gedruckte Worte, wenn man sie liest, eine körperliche Gegenwart beschwören können.

Meistens hatte die Lektüre meines Onkels mit der nächsten geplanten oder der zuletzt unternommenen Reise zu tun. Im Lauf der Jahre reiste er nach Island, Norwegen, Russland, Dänemark, Indien. (Vielleicht übertreibe ich. Vielleicht hat er eine oder zwei davon nur während unserer geflüsterten Unterredungen in seinem Büro in South Croydon geplant.) Aber nach Ägypten, Grönland und Italien ist er mit Sicherheit gefahren.

In den Süden reiste er, um die Historie zu studieren, und in den Norden (den er lieber mochte), um in der Natur zu Hause zu sein.

In Italien machte er zwei Cousins von uns ausfindig, die in Rom Musik unterrichteten. Bevor er nach Florenz reiste, las er Burckhardts *Renaissance* und verbrachte Wochen damit, genau zu planen, was er an einem bestimmten Tag und in welcher Reihenfolge sehen wollte. Plane deine Arbeit und bearbeite deinen Plan. Später faszinierte ihn die Stadt Bologna.

Zu jener Zeit besuchte ich schon die Kunstschule und sagte ihm, Bologna sei die Stadt Morandis. Das war mir kaum über die Lippen gekommen, als ich in einem Gedankenblitz erkannte, wie Morandi und er, ohne es je zu bemerken, in die Schuhe des jeweils anderen hätten schlüpfen können! Keiner von beiden war verheiratet: Beide lebten zu gewissen Zeiten mit ihren jungfräulichen Schwestern zusammen. Ihre Nasen und Münder zeigten den gleichen Ausdruck, als suchten sie nach einer Intimität, die nichts Fleischliches hatte. Beide liebten einsame Spaziergänge und waren unablässig neugierig auf das, was ihren Augen im Gehen begegnete. Im Unterschied zu Morandi, einem großen besessenen Künstler, war mein Onkel kein Artist, aber ein leidenschaftlicher Briefeschreiber.

Irgendetwas in der Art zu erwähnen, wäre eine Frechheit gewesen, und so wiederholte ich einfach mehrmals, dass er sich Morandis Gemälde ansehen müsse, wenn er nach Bologna käme.

– Er ist ein sehr stiller Mensch, dein Morandi, erzählte mir mein Onkel bei seiner Rückkehr.
– Was willst du damit sagen? Er ist tot. Er ist letztes Jahr gestorben.
– Ich weiß. Ich habe mir nur seine Bilder angeschaut, mit Töpfen, Muscheln und Blumen. Sehr sorgfältig, sehr still. Er hätte auch Architekt werden können, meinst du nicht?
– Ja, Architekt.
– Oder Schneider!
– Ja, Schneider. Hat dir die Stadt gefallen?

– Sie ist rot. Ich habe noch nie so ein Rot gesehen wie das von Bologna. Ah! Würden wir nur das Geheimnis dieses Rots kennen … Es ist eine Stadt, in die man wiederkehrt, *la prossima volta*.

Von der Piazza Maggiore führen ein paar Stufen zur Ostfassade der Basilika San Petronio, die wie viele historische Gebäude in Bologna aus Ziegel erbaut ist. Seit Jahrhunderten sitzen die Menschen auf dieser Treppe und beobachten, was auf dem Platz geschieht, und registrieren die kleinsten Veränderungen zwischen gestern und heute. Nun sitze ich auf diesen Stufen.

Kein Verkehr außer Fahrrädern. Mir fällt auf, dass einige beim Überqueren der Piazza innehalten und ihren Rücken gegen die unsichtbare Mauer eines unsichtbaren Turms aus Luft lehnen, der ins Firmament ragt, um von hier nach oben zu schauen und die Wolken oder die Leere des Himmels zu prüfen. Im Gespräch über das kommende Wetter wird man hier nie einer Meinung sein.

Fünf Teenager demonstrieren ihr Ballgefühl in einem eingebildeten Stadion. Eine ältere Frau trifft zu ihrer offensichtlichen Überraschung ein fünfjähriges Mädchen, das sie wiedererkennt und das scheinbar allein hier ist.

Wahrscheinlich leben sie im gleichen eine Busfahrt vom Zentrum entfernten Stadtteil, in einem Arbeiterquartier voller Wohnblocks wie San Donato. Bei einem Straßenhändler kauft die Frau dem Mädchen einen Heliumballon. Er hat die Form eines Tigers und ist schwarz-gelb gestreift. Schwebend schleicht er hoch über dem Kopf des Mädchens dahin.

Ein Mann über fünfzig schleppt zwei Plastiktaschen – er hat Lebensmittel eingekauft –, setzt sie ab, beugt sich zu mir vor und fragt, ob ich eine Zigarette hätte. Ich ziehe eine Packung hervor und biete ihm ein paar an. Er hat die Augen von jemandem, der mehr Gedrucktes liest, als Gebäude anzuschauen. Nur eine, insistiert er. Seine Leinenschuhe sind rissig und staubig. Er benutzt sein eigenes Feuerzeug, um die Zigarette anzuzünden.

An der Universität, zehn Gehminuten rechts von meiner momentanen Blickachse, studieren heute 60 000 Studenten. Im Mittelalter hatte man hier die erste säkulare Universität Europas gegründet.

Das Mädchen mit dem Tiger läuft hinüber zu den Schaufenstern des Pavaglione. Ihre Schritte sind so katzenhaft wie das Tier über ihr. Sogar in Lebensgröße bewegen Tiger sich schwerelos. Weit hinter dem Tiger stehen zwei Türme, der größere der beiden wurde im 12. Jahrhundert erbaut und ist fast hundert Meter hoch. In der Renaissance hatte es in der Stadt viele von ihnen gegeben – jeder von einer anderen der rivalisierenden Kaufmannsfamilien zur Demonstration ihrer Macht und ihres Reichtums errichtet. Einer nach dem anderen stürzten sie ein, und nach einem Jahrhundert konnte man die übrig gebliebenen an den Fingern einer Hand abzählen. Nachdem die Stadt im 16. Jahrhundert vom Kirchenstaat annektiert wurde, litt die Bevölkerung unter Armut und Pest. Kein Handel, keine Arbeit, kein Lohn. In den letzten Jahrzehnten des 19. Jahrhunderts ging es dank Marconi, dem Radio und der Feinmechanik aufwärts, und Bologna wurde zu einem Zentrum für Facharbeiter.

Das Mädchen mit dem schwebenden Tiger ist so verzaubert, dass sie lächelnd aufschaut, und ich denke mir, sie hört einige Takte Musik. Bologna ist eine unwahrscheinliche Stadt – eine, durch die man vielleicht nach seinem eigenen Tod schreiten wird.

Ich verlasse die Piazza und wandere östlich in Richtung Universität. Beide Straßenseiten sind ununterbrochen von Arkaden gesäumt. Die Leute hier diskutieren nicht nur das Wetter, sondern auch darüber, wie viele Kilometer von Arkaden die Stadt durchziehen.

Die Tradition der »Portici«, wie man die Arkaden zunächst nannte, hat ihre Anfänge im frühen Mittelalter. Vor der Tür eines jeden Gebäudes befand sich zur Straße hin ein kleines Stück Land. Eine Reihe Hausbesitzer kam auf die Idee, diesen Streifen Land zu überdachen. So konnten sie unangekündigte Reisende unterbringen, zusätzliche Bedienstete über Nacht dabehalten oder armen Studenten von der Universität eine Unterkunft vermieten. Gleichzeitig spazierte die Öffentlichkeit von Portico zu Portico, profitierte von dem Obdach und überließ die Straße ganz den Kutschen, Pferden und Tieren. Im Laufe der Zeit stachelte die Stadt den Stolz ihrer reichen Hausbesitzer über das der Öffentlichkeit Gebotene an und verlangte gleichzeitig eine gewisse Standardisierung. Und so wurden aus den Portici schließlich Arkaden.

Für jene, die hier leben, sind die Arkaden so etwas wie eine aus Stein, Ziegeln und Pflaster erbaute persönliche Agenda. Du kannst deine Gläubiger aufsuchen, deine heimliche Liebe, deinen eingeschworenen Feind, dein Lieblingscafé, deine Mutter, deinen Zahnarzt, das für dich zuständige Arbeitsamt, deinen ältesten Freund oder eine Bank, wo du dich niederlässt, um ganz allein zu sein und das Pflaster auf einer eiternden Warze auf dem Zeigefinger zu richten – du kannst all diese Verabredungen einhalten, ohne einmal unter den offenen Himmel zu treten. Was das an den Gegebenheiten in deinem Leben ändert? Nichts. Aber unter den Arkaden klingt das Echo dieser Gegebenheiten anders. Und am Ende des Tages machen Freude und Verzweiflung gemeinsam einen Abendspaziergang und gehen unter den Arkaden Hand in Hand.

Alle Fenster, an denen ich vorbeikomme, haben Markisen, und alle haben sie die gleiche Farbe. Rot. Manche sind verblichen, ein paar sind neu, aber es sind alte und neue Variationen der gleichen Farbe. Jede Markise ist genau in die Fensteröffnung eingepasst, und ihr Winkel kann gemäß dem drinnen gewünschten Lichteinfall justiert werden. Man nennt die Markisen *tende*. Das Rot ist kein Ziegelrot, kein Terrakotta, es ist speziell gefärbt. Auf der anderen Seite des Rots befinden sich Körper mit all ihren Geheimnissen, die für sie gar keine Geheimnisse sind.

Gerne würde ich mir eine Bahn von diesem roten *tenda*-Leinen kaufen. Ich bin mir nicht sicher, was ich damit anfangen möchte. Vielleicht brauche ich es nur, um dieses Porträt zu schreiben. Auf jeden Fall könnte ich den Stoff fühlen, zerknüllen, glattstreichen, ihn gegen die Sonne halten, ihn aufhängen, falten und davon träumen, was auf der anderen Seite geschieht.

Ich frage nach einem Geschäft.

– Versuchen Sie es bei Pasquini, sagt eine Frau am Neptunbrunnen zu mir.

Auf dem Weg dorthin komme ich in einem Winkel, der vor langer Zeit einmal der Töpfermarkt war, an einer hohen Mauer vorbei, an der hinter Glas mehrere tausend Schwarzweißfotografien hängen. Porträts von Männern und einigen Frauen, ihr Name, ihr Geburts- und Sterbedatum ist stets unterhalb der Brust vermerkt, genau dort, wo man ihr Herz abhören würde, hätte man ein Stethoskop dabei. Sie sind alphabetisch angeordnet. Mitte 20. Jahrhundert. Wie viele von ihnen haben vorhergesehen, dass man ihr Porträt zusammen mit Tausenden anderer Märtyrer Seite an Seite, Reihe für Reihe, an einer Wand im Stadtzentrum öffentlich aushängen wird?

Mehr, als wir vielleicht vermuten. Die in der alphabetischen Reihe wussten, was auf dem Spiel stand: In dieser Region Italiens sollte einer von vier antifaschistischen Partisanen sein oder ihr Leben verlieren.

Ich entziffere einige der Namen, höre sie laut ausgesprochen. Die Gesichter wirken zuversichtlich, jedenfalls die meisten, aber in die Zuversicht mischt sich Schmerz. Wie ich sie betrachte, erinnere ich mich vage an etwas, das Pasolini geschrieben hat. Und jetzt, da ich dies niederschreibe, fallen mir die Zeilen wieder ein, die ich mir ins Gedächtnis hätte rufen wollen:

> … Das Licht der Zukunft
> hört nicht einen Augenblick auf,
> uns zu verletzen: das ist's, was in jedem
> alltäglichen Akt die Angst brennen lässt,
> auch im Vertrauen, das Leben bedeutet …

Bei den ersten freien Wahlen nach 1945 wurde Bologna zu einer kommunistischen Stadt. Wahl für Wahl blieb der Stadtrat fünfzig Jahre lang kommunistisch. Und so mussten die Geschäftsleitungen in den Fabriken hier Arbeiterkomitees zulassen. Eine weitere Folge war (und man vergisst so leicht, dass die Politik in ihrer Praxis wie ein Webstuhl funktioniert, der in zwei Richtungen arbeitet, hin zum Erwarteten wie zum Unerwarteten), dass Bologna zu einer der am besten erhaltenen Städte in ganz Italien wurde, berühmt für ihren bescheidenen Luxus, ihre Erlesenheit und ihre Ruhe – und so zu Europas beliebtestem Gastgeber für Messen wurde (Sportgeräte, Modestrickwaren, Landmaschinen, Kinderbücher et cetera).

Pasquini befindet sich in einem Ecklokal. Von der Straße aus ist nichts als ein Ladenschild zu erkennen: *Tessuti lino, cotone e lana, tendaggi.* Innen sieht es aus, als hätte sich seit fünfzig Jahren nichts verändert. Vielleicht sind manche der Stoffe im Ausverkauf zu 75 % aus Acryl, aber man würde es nicht vermuten.

Es gibt drei hohe Ladentheken, zwischen und hinter ihnen Hunderte von Stoffballen in allen Farben; sie sind horizontal auf dem Boden gestapelt und bilden eine Wand. Man denkt an geschichtetes Holz. An einen Pferch aus Farben.

Hinter jeder Theke steht ein Mann im Hemd, sie tragen breite Ledergürtel, in denen eine große Schere, ein Meterstab und ein Lineal stecken. Die Theken sind so hoch, damit die Männer den Stoff, nachdem sie ihn entrollt und die Zustimmung der Kunden gefunden haben, mit der Schere im Stehen zuschneiden können, ohne sich zu bücken.

Zwei Frauen werden vor mir bedient. Eine betastet den Samt, der sie zögern lässt, als ob es das frischgewaschene Haar ihrer Tochter wäre. Die andere zählt laut ihre Schritte über die Dielen und rechnet aus, wie viele Meter sie von einem geblümten Kaliko brauchen wird.

An einem Ende des Ladens befindet sich nahe der Eingangstür ein hohes Podium mit Stuhl, Pult und der darauf platzierten Registrierkasse. Von seinem Sitz herab überblickt der Ladenbesitzer alle sich ereignenden Vorgänge. Momentan liest er in der Zeitung.

Das Licht ist wie die Ruhe hier diffus gedämpft, als hätten all die Stoffballen im Lauf der Jahre einen sehr feinen, undefinierbaren Staub abgesondert – den gleichen Staub, der sich auf die Dinge legte, die Morandi malte, der diesen Laden sicher gekannt haben wird.

Als ich dran bin, erkläre ich dem jungen Assistenten, was ich suche. Wie seine beiden Gefährten hat er eher das Auftreten eines Ranchers als eines Stoffhändlers. Um den Zwei-Meter-Ballen rotes Leinen hervorzuziehen, verschiebt er mit großem Geschick mehrere andere. Dann platziert er den Ballen auf der Theke und entrollt mit großem Tamtam ungefähr einen Meter. Ich betaste den Stoff.

– Ein schwerer Leinenstoff, sagt er.
– Wie viel der Meter?, frage ich.
– Neunzehn Euro.
– In Ordnung, geben Sie mir drei.

Er nimmt Schere und Meterstab aus seinem Gürtel, schaut mich an, um sich zu vergewissern (ein Fehler kann nicht mehr rückgängig gemacht werden), ich nicke, und er schneidet. Er faltet die Lage, die ich gekauft habe, viermal, dann schiebt er sie in eine Tasche, schreibt mit einem Bleistift, der sich ebenfalls im Gürtel befindet, die Rechnung und weist mit einem Nicken in Richtung Podium.

Ich nehme meinen Einkauf, ziehe drei Zwanzig-Euro-Scheine aus meiner Brieftasche und halte die Geldscheine hoch über meinen Kopf. Der Patron beugt sich vornüber, um sie mir abzunehmen, und unsere Blicke treffen sich. Ich erkenne ihn. Er tut so, als würde er mich nicht erkennen. Doch sein verschwörerischer Ausdruck ist mir vertraut. Zum letzten Mal hatte er ihn aufgesetzt, als ich ihm die Krawatte ins Krankenhaus brachte und mich von ihm verabschiedete. Hinter seiner Zweistärkenbrille sagt er mit einem flinken Zwinkern (des linken Auges): Wir sehen uns um die Ecke wieder – zur rechten Zeit.

Ich verlasse den Laden ohne ein Wort, kehre zu den Stufen auf der Piazza Maggiore zurück und vergleiche das von mir Gekaufte mit den Markisen, die ich an den oberen Fenstern der den Platz umstehenden Gebäude erkennen kann.

Die Zeit wird's zeigen.

Ich lasse mir noch einmal alles durch den Kopf gehen. Dann falte ich den Stoff ein weiteres Mal, lege ihn auf die Stufe neben mich, strecke mich auf ihr aus, lege meinen Kopf auf den Stoff, als wäre es ein Kissen, und schließe die Augen.

Noch bevor ich vierzehn wurde, hatten wir gemeinsam drei Reisen gemacht. Eine in die Normandie, eine in die Bretagne, die dritte nach Belgien und Luxemburg. Wenn wir in einer Stadt eintrafen – war es Gent, Rouen oder Carnac – und das im Voraus gebuchte Hotel gefunden hatten, gab es ein spezielles Prozedere. Ich könnte Ritual sagen – unter dem Vorbehalt, dass es eher diskret geschah.

Wir aßen etwas Leichtes, vielleicht mit einem kleinen Glas Weißwein, und folgten – Straßennamen für Straßennamen – einem Pfad, den er im Voraus festgelegt hatte. Auf dem Weg gab es Überraschungen, für mich vollkommene, für ihn vorhergesehene. Kanäle statt Straßen. Ein Galgen. Ein Schaufenster mit einer Auslage so zarter weißer Spitzenklöppelei, als handele es sich um Sterne aus der fernsten Galaxie.

Manchmal verlangte der Ablauf nach einem Taxi, das uns quer durchs Land brachte. Um die Fahrer der Tour de France zu bejubeln, die das Ziel einer Tagesetappe erreichten. Um zuzusehen, wie ein Fischkutter nachts von der Mole ablegte, mit einer Öllaterne am Mast, deren Flamme flackerte, aber nie erlosch. Um nach einem Menhir zu suchen, auf dem man sich niederlegen kann – so wie ich mich jetzt auf diese Stufe der Piazza Maggiore.

All diese Dinge, auf die wir gemeinsam stießen, waren so geheim wie verpackte Geschenke. Tatsächlich waren sie sogar noch geheimer, denn ausgepackt blieben sie weiterhin Geheimnisse. Er würde seinen Finger mit der Warze an die Lippen legen, als Zeichen und Erinnerung, nichts zu verraten, alles für mich zu behalten.

Sogar mit jungen Jahren ahnte ich, dass das mehr war als ein Kinderspiel. Er hatte erfahren, wie hartnäckig viele Menschen wegschauen müssen, um das, was sie umgibt, zu neutralisieren. Eines der häufigsten Mittel, dies zu erreichen, ist, darauf zu beharren, dass alles doch ohnehin nur gewöhnlich ist. Der Vorteil des Unerzählten ist, dass man es nicht als gewöhnlich abtun kann. Gott ist das Ungesagte, murmelte er mir eines Abends in Saint-Malo zu, und trank vor dem Zubettgehen ein Glas Bénédictine.

In der Via Caprarie werden wir ein Kilo *passatelli* in einem Papiersack finden, der aussieht, als wäre er für Trüffel gemacht. In der Sommerhitze geben die Bologneser nach Ostern die heftige Lasagne und schweren Tagliatelle auf und ziehen ihnen *passatelli* vor, eine Pasta *in brodo*. Du möchtest die Zutaten des Rezepts? 400 g weiße Semmelbrösel, 240 g Parmesan, 1 Teelöffel Mehl, 6 Eier, 1 kleine Muskatnuss, 50 g Butter …

Teelöffel faszinierten ihn, und auf seinen Reisen sammelte er sie. Er besaß ein halbes Dutzend aus Dublin, die er in einer flachen Kassette wie jene für Kriegsmedaillen aufbewahrte. Innen lagen die Löffel auf dunkelblauem Samt.

In der Via Marsala werden wir die beste Mortadella der ganzen Welt essen. Hier wurde sie zu Beginn des 17. Jahrhunderts erfunden. Ihren Namen trägt sie, weil man sie mit Myrtenbeeren würzt. Wenn sie gut ist, isst man sie am Stück und nicht in dünnen Scheiben. Dazu trinkt man einen Weißwein aus dem Alto Adige. Er hebt sein Glas, um mit mir anzustoßen.

Jetzt einen Kaffee? Ein Händler in der Via Porta Nuova. Wie du siehst, werden die Kaffeesorten hier nach den Erntejahren gelistet, wie Weine. Es gibt gute Jahre, schlechte Jahre. Die Zeit wird's zeigen. Kaffee aus der ganzen Welt, aus Brasil Sul de Minas. Java Wib. Indian Parchment. Greifen wir gleich zum Besten. Blue Mountain aus Jamaika. Wenn die Händler eine neue Lieferung erhalten, legen sie sie über Nacht in den Safe zu den Geldscheinen! Nachdem du davon getrunken hast, bleibt dir sein Geschmack fünfzig Minuten auf der Zunge. Er leistet dem ganzen Hirn Gesellschaft!

Auf der Treppe liegend, halte ich meine Augen geschlossen.

Und wenn du ihn nicht mehr auf der Zunge spürst, gehe zur Kirche Santa Maria della Vita.

Ich öffne die Augen, um in den leeren Himmel über der Piazza zu schauen. Ich kenne die Kirche bereits; es gibt dort einen *Compianto*.

Eine Gruppe lebensgroßer Terrakotta-Figuren. 15. Jahrhundert. Christus liegt tot auf der Erde, und ihn umstehen Josef von Arimathäa, der reiche Mann, der die Grabstelle bezahlt hat, um Jesus beizusetzen, Maria, die Mutter der Apostel Johannes und Jakobus, Maria, die Mutter Jesu, Johannes, der Erzähler der Geschichte und Evangelist, Maria, die Tante von Jesus, und Maria Magdalena. Der Bildhauer ist Nicolò dell'Arca, der die meiste Zeit seines Lebens in Bologna gearbeitet hat.

Die beiden Männer in der Gruppe sind ruhig, die vier Marias aber sind in einem Sturm aus Trauer gefangen. Das Auge des Hurrikans bildet Maria Magdalena. Was der Wind mit ihren Gewändern anstellt, wie er an ihnen zerrt, als sie nach vorn stürzt, entspricht dem, was das Leid aus ihrem Mund und ihrer Kehle gemacht hat.

Doch ist Leid das richtige Wort? Ihr Leid wurde zu ihrer ureigenen Bestimmung. Nichts wird sie aufhalten.

Auch in der Nacht, die auf die nächste Nacht folgen wird, ist sie allein an diesem Ort. Das Grab wird offen sein. Christi Leichnam verschwunden. Nur das Leichentuch und die Kopfbinden werden noch da sein. Und sie wird den Gärtner fragen, wohin er den gekreuzigten Körper gelegt hat, sodass sie ihn finden und sich um ihn kümmern kann. Und der Gärtner wird sie anschauen, und sie wird ihn augenblicklich erkennen, und er wird sagen: Berühre mich nicht. Und zum ersten Mal wird sie glauben, dass er es so meint. Sag meinen Jüngern, ich bin zu meinem Vater gegangen.

Es gibt in der Kunst einige Figuren, die in einen falschen Kontext geraten sind. Auf einem Gemälde von Velázquez findet sich ein Madrider Steinmetz, exemplarisch für seine Sorgfalt und Geduld, der als Mars, der Kriegsgott, endete! In diesem *Compianto* des toten Christus steht Maria Magdalena am Ende für alle Märtyrerinnen – Lucia, Teresa, Cecilia, Katharina, Ursula.

Sie ist furchtlos, und in ihrem Gesicht ist keine Linderung.

Als ich in der Kirche eintreffe, ist niemand dort. Ich bin allein und lege die *tenda* so, wie sie auf der Ladentheke vierfach gefaltet wurde, über das schmiedeeiserne Geländer, das die *Compianto*-Gruppe auf Höhe meiner Knie umgibt.

Und ich warte. Mir kommt in den Sinn, dass eine *tenda*, ebenso wie sie das Sonnenlicht ausschließen, das Leid im Inneren bewahren und zu einer Bestimmung formen kann.

Nach einer Weile verlasse ich die Kirche Santa Maria della Vita. Der Sturm, den sie in ihrem Innern eingeschlossen hält, wird sich nie erschöpfen. Draußen ist es ein friedlicher Abend. Die Leute diskutieren über das morgige Wetter. Ich trete in die Ladenpassage Pavaglione, denn ich habe eine Vorahnung. Es gibt hier eine bestimmte Stelle, wo sich zwei Arkaden unter einer Kuppel kreuzen. Große Säulen bilden die Ecken dieses Raumes. Oft fliegen Tauben hindurch. Die Spatzen kommen nie, denn es fehlen die Tische, an denen Menschen speisen. Es ist ein Übergangsort. Zu den Zeiten, als der Pavaglione noch als Lebensmittelmarkt diente, war hier vielleicht die ruhigste Stelle. Wie dem auch sei, es gibt hier ein akustisches Phänomen. Man könnte es »das geflüsterte Rufen« nennen.

Wenn du an einer bestimmten Säule lehnst und diagonal durch das Oktogon zu der gegenüberliegenden, korrespondierenden Säule schaust und dort zufällig jemand stehen sollte, dann kannst du mit ihm oder er mit dir reden, und eure Stimmen werden laut und klar sein, ganz gleich wie viele Menschen zwischen euch hindurchlaufen, und niemand sonst wird eure Worte vernehmen. Die Idee des Geheimnisses ist auf den Kopf gestellt. Will man sich hier ein Geheimnis anvertrauen, stellt man sich weit voneinander auf, die Worte hallen in der Öffentlichkeit wider, doch nur ihr beide werdet sie hören.

Ich ahne, wenn ich bei einer der infrage kommenden Säulen auf ihn warte, wird er kommen.

Ich warte scheinbar lange. Nicht, dass ich im Alter geduldiger geworden wäre. Ich bin genauso ungeduldig wie als Elfjähriger; es ist nur einfach so, dass ich weniger an die Zeit glaube. Ein Hund kommt mit wedelndem Schwanz auf mich zu. Es gibt nur wenige Hunde in Bologna. Die Hundebesitzerin schimpft, runzelt die Stirn in meine Richtung und geht weiter – im Erinnern und gleichzeitig fatalen Vergessen ihrer Jugend.

Plötzlich steht er da. Schwitzend. Er trägt kein Jackett. Die Hände sind sanft hinter dem Rücken ineinandergelegt. Er kennt das unsichtbare akustische Telefon. Er spricht mit dem ruhigen Vertrauen von jemandem, der offensichtlich mit sich selber spricht, aber weiß, dass er gehört werden wird.

– Vergiss nicht, Märtyrer sind einfache Menschen, sie haben nie die Macht. Nachher mag etwas Macht erwachsen, durch die Kraft ihres Beispiels. Ein Beispiel, das Tausende von kleinen Hoffnungen nährt. Kleine Hoffnungen wie das Streben nach kleinen Freuden.

Er wischt sich über die Augenbraue.

– Es kann nur unter der Kuppel des Pavaglione passieren, dass wir so über diese Paradoxien sprechen. Wer würde je daran denken, Märtyrer und Blue-Mountain-Kaffee direkt nebeneinanderzustellen? Und doch sind sie sich näher, als die Moralisten vorgeben, sehr nahe.

Er mustert mich durch seine Brille.

– Märtyrer sind zu beneiden. Man muss Mitleid haben für die von ihnen erlittenen Schmerzen, denn für einen Augenblick ist da Schmerz, sehr heftiges Leid. Und doch sind sie zu beneiden.

Ich nicke.

– Sie haben gelernt, berührt zu werden – das ist die spezielle Gabe der Märtyrer, Krieger erlernen das nie.

An seinem weißen Hemd hat sich ein Knopf geöffnet, und während er weiterflüstert, schließt er ihn mit der rechten Hand, ohne hinzuschauen.

– Noch bevor sie sterben, wissen sie, dass ihr Leben zu etwas nütze war. Viele würden sie darum beneiden.
– Sogar wenn die Sache, an die sie glaubten, verloren war?, frage ich.
– Ich glaube, ja. Aber egal, ich bin mir nicht mehr sicher, ob die Geschichte mehr Gewinner und Verlierer kennt als die Gerechtigkeit. Märtyrer sterben, um gleich wo ein Zuhause zu finden. Deshalb werden sie von den Armen verehrt. Werden sie in Palästen angebetet, revoltieren die Märtyrer und verschwinden – und lassen nur ihre Reliquien zurück.

Er nimmt seine Brille ab und putzt sie mit dem Taschentuch, das er aus der Brusttasche seines Hemdes zieht.

– Mit Sicherheit gehören die kleinen Freuden, erwidere ich, nicht zum Tod, sondern zum Leben.
– So ist das auch mit dem Märtyrertod. Er sagt das, als wollte er, dass ich jeden Buchstaben seiner Worte einzeln höre.

So fügen sich die Gegensätze. Im Märtyrertum und in der Suche nach den kleinen Freuden liegt etwas von dem gleichen Trotz und der gleichen Bescheidenheit. Auf verschiedenen Ebenen, selbstverständlich. Aber es ist eine Fügung. Beide entziehen sich der Grausamkeit des Lebens.

– Das lässt mich an ein Gemälde von Caravaggio denken.

– Welches?

– Das Martyrium der heiligen Ursula.

Sein Lachen füllt die ganze Kuppel, aber niemand außer mir hört es. Die Läden schließen bald, und die Menschen laufen schneller.

– Ursula ist bloß ein Gerücht, vom Anfang bis zum Ende. Er öffnet seine Hände in einer Geste demütiger Resignation. Gerede in den Gassen. Die Frau lebte im 3. Jahrhundert, erzählt wurde ihre Geschichte erst im 9. Ich bitte um etwas mehr Respekt vor den Tatsachen. Gegen Ende des 4. Jahrhunderts wurde ein Obelisk in der Nähe Kölns ausgebessert, und dabei entdeckten die Steinmetze ein Massengrab, alles Frauen, alle angeblich Jungfrau. Sie meißelten eine Inschrift ohne Namen, ohne Datum. Vier Jahrhunderte gehen ins Land, und ein Geschichtenerzähler kommt vorbei. Der findet auf einem Grab irgendwo anders den Namen Ursula. Auf dem Grab eines Kindes, das mit acht gestorben war. Weil er die römischen Ziffern nicht lesen kann, schlägt er weiter vor, dass Ursula, die über Nacht zudem Tochter des Königs von England geworden ist, auf ihrer Pilgerfahrt von elftausend Jungfrauen begleitet wurde! Verständlicherweise verfügte man nicht über genügend Schiffe, um die Jungfrauen über den Kanal zu setzen. Also mussten Schiffe gebaut werden. Die Wartezeit nutzten die Damen, sie erlernten das Segeln und mauserten sich zu geschickten Matrosen. Gemeinsam überquerten sie den Kanal, reisten rheinaufwärts bis Basel, und von dort wanderten sie über die Alpen nach Rom.

Er schüttelt seinen Kopf und wartet, und wir beiden beobachten die Menschen, die durch die Arkaden gehen.

– Erst auf der Rückreise holte sie das Unheil ein. Nicht weit von Köln fielen sie in die Hände Attilas und seiner Schergen, und alle, die sich widersetzten, wurden massakriert.

Langsam fährt er sich mit seinem Daumen über die Unterlippe.

– Gerüchte hat es immer gegeben. Das ist unvermeidlich. Sie helfen uns, mit dem klarzukommen, was mit Gewalt geleugnet wird und doch wahr sein könnte.

Er tupft sich mit seinem Taschentuch über die Lippen. Als er es wegnimmt, lächelt er.

– Ach, was soll's. Bologna! Bologna! Gleich bei der Porta San Vitale gibt es eine Bar, die Bocca d'Oro heißt, wo sie dir, wenn du auf den von der Mama des Chefs gemachten bestehst, den besten Limoncello servieren, den du je gekostet hast. Er ist ein Versprechen auf alles.

Jetzt nur noch die Säule. Er ist gegangen. In meinen Ohren nur noch die Geräusche der Stadt.

Dank an
Cordelia, Jitka, John C., Lena, Maria,
Maria, Marion, Nella, Tatjana, Tom, Alma
und natürlich Katya und Yves.

Bless you, John.

Nachbemerkung

Nach dem Tod von Beverly Berger war etwas in John zerbrochen. Er schrieb an einem längeren Buch über das Lied – über »Song«, wie er sagte –, das im Grunde ein Buch über die Leidenschaft werden sollte: über den Moment der Erfüllung – geistig wie körperlich, in der Ekstase wie im Tod, politisch wie erotisch. Lieder waren ihm immer eine Erinnerung an diesen Moment der Erfüllung. Deshalb handelten Lieder seiner Meinung nach auch so oft vom Abschied. Sicherlich spielte seine Freundschaft zu Tom Waits bei den Überlegungen eine Rolle, die Gespräche mit Tilda Swinton, aber auch – und vor allem – die Erinnerungen an die klassische Musik, die er sein ganzes Leben lang hörte, sowie die Entdeckung östlicher Musik.

Mit dem Tod Beverlys im Sommer 2013 verlor John zwar nicht diesen Horizont, aber plötzlich wurde deutlich, wie sehr sein innerer Antrieb von der Kollaboration mit Beverly abhängig war. Er kämpfte über ein halbes Jahr und wollte »Song« beenden, schließlich schloss er die Überlegungen mit »Einige Anmerkungen über das Lied« im März 2014 ab und zog nach Paris. Doch das Gefühl einer politischen Dringlichkeit verließ ihn nicht: Er musste noch etwas sagen. Da blieb ein Rest.

Gleichzeitig hatte er alles neu gesehen: Nach der Extraktion des grauen Stars auf beiden Augen 2010 sah er wieder richtig Farben. Dieses schärfere Sehen führte bei ihm nicht nur zu einer Wiederentdeckung der Farbigkeit der Welt, sondern auch zu einer präziseren Wahrnehmung von Kontrasten und Räumen. So auch beim Zeichnen: Er malte die alten Motive, aber mit einer Neugier, die nichts von einem Ende, sondern viel von einem Anfang hatte – er staunte und machte Augen wie ein Kind, das eine Rose, eine Iris zum ersten Mal sah. Zusammen mit den im Alter tiefer reichenden Erinnerungen und den durch das Durcheinanderschütteln der Seele wie der Lebensumstände provozierten Flashbacks hatte er Material, das er nun, getrieben von seinem Staunen und dem Gefühl der Dringlichkeit – politisch wie existenziell –, zu kürzeren Texten zusammenstellte. Unmittelbar nachdem sein Sohn Yves sie an Beverlys Stelle abgeschrieben hatte, schickte er sie an seine Freunde. Depeschen aus dem Hauptquartier der staunenden Wahrnehmung und Lektionen politischer Unterscheidungskraft.

In diesen Texten besucht er alte Heldinnen und Helden wieder: zum Beispiel Rosa Luxemburg und Charlie Chaplin. Wie er Charlie Chaplins Spiel und Gesten beschreibt und aus ihnen eine Art Liste von Sprichwörtern für das 21. Jahrhundert herausliest, ist ebenso erhellend für Chaplins Humor wie für unsere Zeit. Rosa Luxemburgs Leben wird in einer berührenden Hommage vergegenwärtigt, während der vielleicht schönste Text der Sammlung, »La lalala lalala la«, die Themen aus »Einige Anmerkungen über das Lied« wiederaufnimmt und mit der bildenden Kunst verknüpft: In der Musik, vor allem im Musizieren selbst, sieht Berger eine ornamentale Kraft, die er in dem Mosaik in der Apsis einer Kirche oder in Comacchio im Po-Delta wiederfindet: Die Solidarität der Menschen verleiht ihnen einen Glanz von Ewigkeit, der anders nicht zu haben ist.

Diese Texte sind ab dem Sommer 2014 und während des Jahres 2015 entstanden. Im Frühjahr 2016 schlug ich ihm vor, den vergessenen Text über Sven Blomberg und die Reise nach Stockholm, »*Et in Arcadia ego*« (2000), mit in den vorliegenden Band aufzunehmen. »*Et in Arcadia ego*« sollte ursprünglich der Prolog zu »Hier, wo wir uns begegnen« werden, schied dann aber aus. Von dem Vorschlag war er so begeistert, dass er gleich anrief. Damit war das Originalmanuskript abgeschlossen, aber er ließ in späteren Gesprächen die Option offen, für eine deutsche Ausgabe der Sammlung weitere Texte hinzuzufügen.

Neben »*Et in Arcadia ego*« gibt es einen zweiten Text aus dem Themenkonvolut zu »Hier, wo wir uns begegnen«, der nicht mit aufgenommen wurde: »Die roten *tenda* von Bologna« schildert, wie er seinen Onkel Edgar in Bologna wiedertrifft, der sich nach seinem Tod – das ist die Rahmenfiktion des gesamten Bandes – Bologna als Wohnort ausgesucht hat. Der Text erschien 2007 als kleines von Paul Davis illustriertes Chapbook bei Drawbridge Books in London und ist nun Teil dieses Buches.

Hans Jürgen Balmes

Literaturnachweise

Ein Geschenk für Rosa

»*Mensch sein ist vor allem die Hauptsache …*«: Rosa Luxemburg an
Mathilde Wurm, Wronke, 28.12.1916, in: Rosa Luxemburg, *Gesammelte Briefe*, Bd. 5, Berlin 1984, S. 151.

»*Freiheit nur für die Anhänger der Regierung …*«: in: *Rosa Luxemburg
und die Freiheit der Andersdenkenden. Extraausgabe des unvollen-
deten Manuskripts »Zur russischen Revolution« und anderer Quellen zur Polemik mit Lenin*, Berlin 1990, S. 152 f.

»*Tatsächlich zielt eine* Enzyklopädie *darauf ab…*«: in: Denis Diderot,
*Enzyklopädie. Philosophische und politische Texte aus der »Ency-
clopédie«.* München 1969, S. 79.

»*Die moderne proletarische Klasse …*«: aus: »Der politische Massen-
streik und die Gewerkschaften« (1910), in: Rosa Luxemburg, *Reden*,
Leipzig 1976, S. 146.

Geschichte von der Blaumeise – Rosa Luxemburg an Sophie Liebknecht, Wronke, 23.5.1917, in: Rosa Luxemburg, *Gesammelte Briefe*,
Bd. 5, Berlin 1984, S. 243.

Geschichte vom Gartenlaubvogel – Rosa Luxemburg an Hans Diefen-
bach, Wronke, 6.7.1917, in: Rosa Luxemburg, *Gesammelte Briefe*,
Bd. 5, Berlin 1984, S. 275 f.

»*Ihr eigentlicher Führer …*«: aus: »Der politische Führer der deutschen
Arbeiterklasse«, in: Rosa Luxemburg, *Gesammelte Werke*, Bd. 2,
Berlin 1972, S. 280.

»*Ich war, ich bin, ich werde sein!*«: aus: *Die Rote Fahne*, Nr. 14 vom
14. Januar 1919, in: Rosa Luxemburg, *Ich war, ich bin, ich werde sein!*,
Berlin 1958, S. 143.

Ein Treffpunkt

Abdulkareem Kasids Gedichte »Stone« und »Cafés« zitiert nach: Abdulkareem Kasid, *Sarabad*, translated by the Author and Sara Halub
with John Welch, Bristol 2015. Deutsche Übersetzung von Hans Jürgen Balmes.

Einige Anmerkungen über das Lied

Federico García Lorca, *Das dichterische Bild bei Don Luis de Góngora.
Die Kinderschlummerlieder. Theorie und Spiel des Dämons*, Düs-
seldorf / Köln 1954, S. 63, 68 f. – Enrique Beck übersetzt »duende«
als »Dämon«, das Zitat wurde für diesen Text angepasst.

Moya Cannons Gedicht »Carrying the Songs« zitiert aus: Moya Cannon: *Carrying the Songs*, Manchester 2007. Deutsche Übersetzung
von Hans Jürgen Balmes.

Die roten *tenda* von Bologna

»*Das Licht der Zukunft …*«: aus: »Il Pianto della Scavatrice / Die Klage
der Baggermaschine«, in: Pier Paolo Pasolini, *Gramsci's Asche. Gedichte Italienisch / Deutsch*, München 1980, S. 149.

Bildnachweise

S. 28 *Escaping Boy*, 2009 (Öl auf Leinwand), von Michael Quanne (geb. 1941) (Privatsammlung / Foto © Christie's Images / Bridgeman Images)

S. 29 *Broomfield House* von Michael Quanne (© Michael Quanne)

S. 32 Bildausschnitt aus: Charlie Chaplin (Sir Charles Spencer Chaplin, 1889–1977), britischer Schauspieler und Regisseur, mit seiner Frau Oona O'Neill, nachdem er von Königin Elizabeth II. im Buckingham Palace in London zum Ritter geschlagen wurde (Foto von Fox Photos / Getty Images)

S. 32 *Self Portrait*, ca. 1668/69 (Öl auf Leinwand), von Rembrandt van Rijn (1606–1669) (Wallraf-Richartz Museum, Köln, Deutschland / Bridgeman Images)

S. 69 *Academia* (Detail) von Tato Olivas (© Tato Olivas)

S. 70 *Sara Baras* (Detail) von Tato Olivas (© Tato Olivas)

S. 73 *The Annunciation*, ca. 1473/74 (Öl auf Holz), von Antonello da Messina (1430–1479) (Alte Pinakothek, München, Deutschland / Bridgeman Images)

S. 86 »Paradis« (Mischtechnik auf Leinwand, 200/200) von Rostislav Kunovsky, aus der Serie *From Nowhere* (2015) (© Rostislav Kunovsky)

Die Rechte der anderen Bilder liegen beim Autor.

John Berger

Sehen

Das Bild der Welt in der Bilderwelt
Aus dem Englischen von Axel Schenck

Band 03677

»Sehen kommt vor Sprechen. … Durch das Sehen bestimmen wir unseren Platz in der Umwelt, die sich mit Worten wohl beschreiben, nicht aber in ihrer räumlichen Existenz und Vielfalt erleben lässt.«

Mit seinem legendären Buch ›Sehen‹ lehrte John Berger uns Anfang der 1970er Jahre, Bilder neu zu sehen. Er analysiert Gemälde nicht isoliert in einer Welt von musealer Ewigkeit, sondern als Gebrauchsmuster der modernen Gesellschaft, die vor allem den weiblichen Körper zur Reklame benutzt.

Eines der wichtigsten und einflussreichsten Bücher zur Kunst der letzten fünfzig Jahre wieder neu aufgelegt.

»Wenn er schreibt, wird noch das Alltäglichste
mit einer Innigkeit aufgeladen, dass es
zu leuchten beginnt.«
Pepe Egger, Der Tagesspiegel

Das gesamte Programm gibt es unter
www.fischerverlage.de

John Berger
Meine Schöne
Essays Geschichten Gedichte
Herausgegeben von Hans Jürgen Balmes
Band 15251

John Berger ist ein staunender Reisender. Mit einem wachen
Ohr für Geschichten schaut er den Menschen in die Augen
und sammelt ihr Erstaunen, ihre Liebe und ihren Zorn. Ob er
über die Einsamkeit der Emigranten, oder der Sorge, mit der
man ein Bild seiner Liebsten in der Brieftasche bei sich trägt,
schreibt, stets treibt ihn ein großes Heimweh nach den
Dingen und Menschen.

»Er doziert nicht, er lebt, was ein großer Unterschied«
Verena Auffermann, Frankfurter Rundschau

Fischer Taschenbuch Verlag

»Wem hat er mit einer
überraschenden Beobachtung nicht
schon einmal die Augen geöffnet.«

Gregor Dotzauer, *Tagesspiegel*

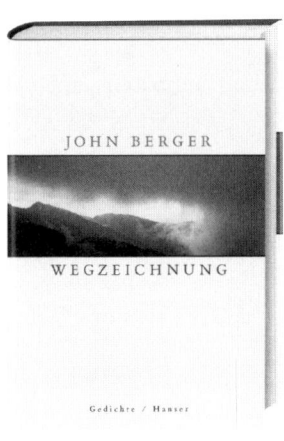

JOHN BERGER

WEGZEICHNUNG

Gedichte / Hanser

Ü.: Hans-Jürgen Balmes
104 Seiten. Gebunden

Zum ersten Mal eine repräsentative Auswahl in deutscher Sprache aus John Bergers lyrischem Werk. Vieles davon hat er auf seinen Reisen geschrieben, in Zügen oder nächtlichen Wartesälen. Gedichte für die Manteltasche, Liebeserklärungen und Verlustmeldungen, Gedichte aus der Emigration, über das französische Dorf, in dem er seit Jahren lebt, über Tiere, Frühlingsgras und den Mondaufgang. Ein Buch, das den Weg nachzeichnet, auf dem der große Schriftsteller die Themen seines Werkes fand.

HANSER

hanser-literaturverlage.de